新农民书架系列

农民
创业宝典

陈文胜 主编 王文强 编著

北京师范大学出版集团
BEIJING NORMAL UNIVERSITY PUBLISHING GROUP
安徽大学出版社

图书在版编目(CIP)数据

农民创业宝典/陈文胜主编;王文强编著. —合肥:安徽大学出版社,2016.4
(新农民书架系列)
ISBN 978-7-5664-1112-9

Ⅰ.①农… Ⅱ.①陈… ②王… Ⅲ.①农民-劳动就业-中国 Ⅳ.①D669.2

中国版本图书馆 CIP 数据核字(2016)第 095989 号

农民创业宝典　　　　　　　　　　　　陈文胜　**主编**
　　　　　　　　　　　　　　　　　　　　王文强　**编著**

出版发行:	北京师范大学出版集团
	安徽大学出版社
	(安徽省合肥市肥西路3号 邮编230039)
	www.bnupg.com.cn
	www.ahupress.com.cn
印　　刷:	合肥华星印务有限责任公司
经　　销:	全国新华书店
开　　本:	170mm×230mm
印　　张:	9.25
字　　数:	171 千字
版　　次:	2016年4月第1版
印　　次:	2016年4月第1次印刷
定　　价:	29.50 元

ISBN 978-7-5664-1112-9

策划编辑:李　梅　武溪溪　　　　装帧设计:李　军
责任编辑:武溪溪　唐洪全　　　　美术编辑:李　军
责任印制:李　军

版权所有　侵权必究

反盗版、侵权举报电话:0551—65106311
外埠邮购电话:0551—65107716
本书如有印装质量问题,请与印制管理部联系调换。
印制管理部电话:0551—65106311

序

中国是历史悠久的农业大国,农民是中国农耕文明的缔造者,是中国历史前进的重要推动力量。不懂中国农民,就读不懂中国历史,就不能深刻理解中国的国情。当前,按户籍统计,全国还有超过一半人口是农民,农民仍将是中国现代文明的重要推动者和主体力量。因此,中国城镇化是农民的城镇化;中国全面小康的关键是农民的全面小康;中国现代化的核心是农民现代化;实现中国梦,首先要实现中国农民的富裕梦。

随着我国经济进入新常态,经济社会发展呈现出新的特征,培育适应新时代要求,具有新观念、新素质、新能力的新型农民成为一项十分重要和迫切的任务。一是新常态下,我国经济从重视总量增长进入了全面提升质量的阶段,以往粗放发展的时代也将随之过去,重视创新驱动的供给侧结构性经济改革,预示着中国经济正在进行全新的调整,新常态改革正在呼唤经济主体的素质提升,新农民的培育成为客观必然。二是中国第一代进城农民工在城市就业方面正在遭遇产业结构调整的阵痛与考验,新生代农民工融入城市或回归农村均存在不同程度的不适应性,而不管是进城还是回归农村,都要经受自身素质和能力的严峻考验,只有用现代科学文化知识武装农民,提升农民的素质与能力,才能确保每一位农民在全面小康建设中不掉队。三是农业的多功能时代已经开启,农村一二三产业融合互动的趋势越来越明显,传统农业向现代农业转型的道路越走越宽广,为促使农民从传统产业中走出来,成为推动新产业、新业态发展的现代市场经营主体,在发展农村先进生产力的同时实现增收致富,需要不断提升农民的素质与能力。因此,在科技日新月异、信息化成为大潮流的时代,在经济社会转型发展、城乡一体化快速推进的新形势下,解决农民问题,就是要加快培育适应现代化发展的新农民。

　　由湖南省农村发展研究院研究团队编写的《新农民书架系列》丛书,是一套由三农专家学者面向农民朋友编写的通俗读本。本丛书从现代新农民的基本素质和基本能力要求入手,介绍了做一名新农民所需的基本知识,力求提高农民在新时代的生存与发展能力。本丛书与当前其他农民读物相比,具有三个鲜明的特点:一是深入浅出,读得懂。通过讲故事,说道理,用农民的语言、举农村的事例来介绍知识、培养能力,使农民看得懂。二是内容丰富,用得上。本丛书选择了农民在新时代必须掌握的一些知识进行阐述,涉及农民的交往、学习、就业、创业、管理、理财、维权等诸多方面的内容,内容全面,对农民具有很强的实用性。三是简洁具体,可操作。本丛书在讲故事说道理中,选取关键的知识,通过传授使用实用妙招,指出知识运用的技巧,使农民朋友可以操作,是一套比较接地气的农民丛书。

　　在工业化和城镇化进程中,农民是市场竞争中的弱者。统筹城乡发展,推进城乡发展一体化,根本在于提高农民的素质和能力。只有农民强大,中国才会整体强大。

陈文胜
2016 年 4 月

目 录

第一章 观念一变天地宽 ············ 1
 一、改变命运从观念开始 ············ 1
 二、埋头苦干不如抬头巧干 ············ 8

第二章 千金在手不如一技之长 ············ 19
 一、百艺通不如一艺精 ············ 19
 二、通一行就能成一行 ············ 25

第三章 走村串巷觅商机 ············ 38
 一、流动服务优势多 ············ 38
 二、新旧"行商"都是活 ············ 40

第四章 小店开在家门口 ············ 52
 一、样样小店可赚钱 ············ 52
 二、办好手续再向前 ············ 54
 三、选好类别是关键 ············ 55
 四、经营之道放在先 ············ 63

第五章 办个企业当老板 ············ 66
 一、办企业名利双收 ············ 66
 二、选对路八方来财 ············ 68

第六章 旧瓶也能装新酒 …… 78

一、旧瓶装新酒也是创业 …… 78
二、旧瓶怎样装新酒 …… 80
三、旧瓶装新酒有窍门 …… 86

第七章 老树需要发新枝 …… 89

一、老农业新功能 …… 89
二、老农业新经营 …… 92
三、老农业新模式 …… 94

第八章 一方水土养一方人 …… 98

一、本地打工好处多 …… 98
二、农闲时节不闲农 …… 101
三、共同合作来发展 …… 104
四、人弱志坚能致富 …… 113

第九章 进城务工改变命运 …… 117

一、打有准备之仗 …… 117
二、做有章法之事 …… 120
三、成不可缺之人 …… 125

第十章 返乡创业振兴家乡 …… 129

一、情系家乡，心牵父老 …… 129
二、回乡创业，空间广阔 …… 133

第一章
观念一变天地宽

一、改变命运从观念开始

从改革开放到今天，一批又一批的农民，依托国家越来越好的富民政策，凭借自己的辛勤劳动，在家乡或城市打拼出了一片天地。但也有不少农民奔走多年，却仍然摆脱不掉穷困，无法过上更舒适、更富有的生活。其原因固然很多，但其中一个最重要的原因就是在思想观念上存在着一些误区，导致在追求幸福生活时放不开手脚，找不到正确的方向。俗话说："吃不穷，用不穷，没有谋算一世穷。"那些成功了的人，虽然不一定比别人付出更多的汗水，但一定比别人付出了更多的思考，也一定有着与别人不同的观念和思路。对于普通的农民朋友来说，努力打拼、脱贫致富的过程，也是一个从思想上不断破除误区，观念上不断更新的过程。那么，想改变自己命运、脱贫致富的农民朋友都有哪些观念要先改变呢？

1. 命运掌握在自己手中

一些农民朋友常说，咱祖祖辈辈都是农民，生在农村长在农村，就是受苦受累的穷命，怎么能与那些富家子弟、官家子弟相比呢？其实富贵不是与生俱来的，贫穷也不是命中注定、无法改变的。现实生活中，不少出身贫困、农村家庭的农民敢于向命运抗争，不屈不挠地追求自己发家致富的梦想，最终成功地改变了自己的命运。

故事再现

从勤杂工到餐饮大亨

刘雨生出生在湖南湘西大山深处的一个贫困农村家庭,家里条件差,在他10岁那年,父亲因病去世了,家里为此还欠下不少债务,他初中未上完就辍学在家帮母亲干活。为了能让家人过得好一点,刘雨生18岁时跟着堂兄弟们走出大山,外出到广东打工。因为没有什么文化,他在打工时吃了不少苦,搬运工、仓库管理员、超市上货员、酒店勤杂工等,各种各样的工作换过十几种,但收入一直不高。眼看20多岁了,母亲心疼他在外面太艰苦,就让他回家算了。但倔强的刘雨生不肯回去,反而暗暗下决心,一定要闯出点门路来。他发现自己的最大缺憾是没有一技之长。于是,他利用在一家酒店做勤杂工的方便,经常向酒店的厨师请教怎么做湘菜。由于刘雨生好学又勤快,很快得到了一位厨房大师傅的赏识,并被这位师傅收做徒弟。他十分珍惜这个机会,更加发奋学艺,2年后就可以独当一面了。在师父的鼓励与支持下,刘雨生辞掉工作,租了一个小门面开了一家湘菜馆。由于他的饭菜做得精致可口,湖南老乡们都喜欢吃,因此生意很快红火起来。在有了一点积蓄后,刘雨生又不失时机地扩大了店面。就这样,刘雨生逐渐在城市站住了脚。5年后,刘雨生成立了自己的餐饮公司,公司拥有上档次的湘菜连锁店6家,他自己也成了餐饮行业的知名人士。

故事分析

人和人之间存在的贫富不同是任何社会都存在的。一个人无法选择自己的出身,所以出生在不同的家庭,就会面对不同的家庭条件。而且我国的城市和乡村之间的差距还比较大,城市人和农村人存在着贫富差距也是事实,哪怕同是出生在农村,也存在着贫富的不同,这些是不以自己的意志为转移的,但并不表明这种与生俱来的差距永远没有办法改变。世界上没有多少人与生俱来就拥有财富,也没有谁生来就注定是穷人。大家可以认真地看看自己周围的很多富人,其实都像刘雨生一样,是经过自己努力才改变了自己的命运,过上富足幸福生活的。所以,贫穷与差距并不可怕,最可怕的是对自己的贫穷和与他人差距的认命,以致终生与贫困为伍,无法摆脱。农民朋友需要记住,我们的命运不是掌握在别人手上,而是掌握在自己手上。

2.发家致富不能靠神仙

由于旧的封建迷信心理在一些农民朋友的头脑中根深蒂固,所以尽管现在科学技术已经很发达了,各种科技知识在农村传播也很广泛,但一些地方的农民仍然还有着求职、做生意时,先找人算一算命,求人占一占卦的习惯。更有些贫穷的农民,宁可将省吃俭用节约下来的钱财耗费在占卜打卦、求神拜佛等封建迷信活动中,也不肯用于教育、科技、信息等事关发展很重要的投资上,幻想靠神灵保佑来致富发展,这是最愚昧的做法,其结果必然是一无所获。

故事再现

靠不住的"白仙姑"

于大成是山东临沂人,他所在的乡镇有许多农民依靠养肉牛走上了致富道路。于大成自己家也养了几头牛,但觉得不够,看到市场行情好,于是借了点钱扩大了养殖规模。由于养的牛多了,场地有限,卫生条件不太好,所以经常有牛生病。于大成是一个迷信思想比较重的人,他自己平时有点头疼脑热也不愿意看医生,总是去找隔壁村会法术、能算命的"白仙姑",喝点"白仙姑"给的"仙水",往往拖两天就好了。牛生病了,他自然更不愿意去找兽医,也是找"白仙姑",碰巧有几次"白仙姑"给了些"仙水"让病牛吃了后,牛也好了。这让于大成对"白仙姑"这位活神仙更是佩服得五体投地。2014年春天,于大成家养的30多头牛突然发病,而且很快就死亡了1头。这下于大成急了,马上去找"白仙姑"求救,"白仙姑"掐指一算,说:"你家的牛这次撞了煞神,需要我给你去求求神仙。"于是,"白仙姑"到牛棚边做了场法事,贴了些"符",又给了一些"仙水"喂给牛吃了,然后拿着于大成给的几千元钱回去了。过了两天,牛病不见好转,反而又死亡了3头。于大成再去找"白仙姑","白仙姑"却告诉他,神仙还要再惩罚一下他家的牛,再死几头就没事了。就在于大成心急如焚又无可奈何的时候,县畜牧局的几位专家来了,原来是邻居怕于大成家的牛病会传染,打电话到了畜牧局。畜牧局的专家立即对于大成家的牛进行病理学调查,经过化验、会诊,确定牛是因黄曲霉菌感染中毒而患病。经过一番治疗,牛的病情稳住了。于大成也长吁了一口气,几十头牛可算是保住了。从此以后,他再也不去找"白仙姑"了,而且逢人就说"神仙是靠不住的,还是得靠科学"。

故事分析

《国际歌》中有这样一句歌词:"从来就没有什么救世主,也不靠神仙皇帝,要创造人类的幸福,全靠我们自己。"在致富发展的过程中,农民朋友可以靠勤劳、可以靠科技,但就是不能靠神仙、靠救世主。世上从来就没有神仙,所有的封建迷信活动都是一些别有用心的人用来欺骗农民朋友的手段。一些迷信神仙的农民朋友舍不得花钱、花时间去学习技术知识,却舍得花费大量的钱和时间去求神灵,这就正中那些别有用心人的圈套了,结果可想而知。我们应当记住,靠别人的火取不了暖,看别人吃饭饱不了自己的肚子。面对贫穷和困难,靠天靠地都不如靠自己,改变生活条件的唯一出路、唯一态度,就是面对现实、正视现实,从自己的现实条件出发,自力更生,艰苦奋斗,只要自己肯努力,就一定能够寻找到一条适合自己的致富发展道路。

3. 自信是成功的第一步

同是农民,有些人敢闯敢干,浑身是劲,日子过得有滋有味;有些人缩手缩脚,怕这怕那,一事无成。每个人都希望成功,但在发展、致富、求职等过程中,都会遇到一些困难,面对这些困难应该怎么办?是干脆放弃?还是坚持下去?无数前人的经验已经给出了明确的答案,因为在现实生活中,几乎每个人都有畏惧困难、害怕困难的时候,但是一个人要想获得成功,就必须向困难挑战,所以最终是那些对自己充满自信的人才会成功。

故事再现

鼓励出来的农民经理

河南的刘刚,从小长在大山中,当地交通不便,他17岁时还从未出过乡镇,因为家里穷,读完初中后就没去上学了。2008年时,在洛阳一家橱柜销售公司当部门经理的表姑回家探亲时,见他家条件不好,便让他跟着到洛阳去打工,安

第一章 观念一变天地宽

排他先做销售。刘刚长这么大,第一次离家这么远,还是在一个大城市里,他既感到新鲜,又有点自卑。公司安排了一个熟悉业务的同事带一下刘刚,但他总是怕这怕那的,见到客户时,话都不敢说。过了一段时间,刘刚虽然把业务流程搞得很熟,但还是不敢开口,一说话就紧张,同事都拿他没办法了。表姑知道这个情况后,在一次部门会议上,点名让刘刚作为新人分享工作心得。刘刚一下子人都懵了,他怎么也没想到会让他发言,没办法,他只好站起来,但紧张得半天说不出一句话来。这时候,表姑带头鼓掌鼓励他,同事们也都跟着鼓掌鼓励他,慢慢地他才平静一点,结结巴巴地说了几句。会后,表姑单独留下他,对他说:"你今天表现非常棒,发言也很好,就是不太流利,但比我那时候好多了,我刚进公司的时候,一句话也说不出来。其实你比我们这里很多同事都要棒,他们虽然有些是大学生,但工作没你勤奋,业务没你熟练,你一定要相信自己的能力,你肯定会成为我们公司的骄傲。加油!"得到了表姑的肯定,刘刚非常高兴,一下子觉得自己自信了许多。从此以后,刘刚开始学习并试着与客户进行交流。为了锻炼自己,他还上街进行调查,与行人进行交谈,并参加了一些培训班来提高自己。慢慢地,他的口才有了很大的长进,也摸索出一套适合自己的工作方法,工作越来越得心应手。就这样,第二年,他就成了公司的年度销售冠军。如今,他已经是这家公司年薪60万的副总经理。

■ 故事分析

农村有句俗话说,"撑死胆大的,饿死胆小的",说的就是自信心的作用。自信心的力量是惊人的,它能最大限度地激发潜能,让人充满力量,去创造一个又一个生命和事业的奇迹。刘刚由一个未见过世面的农村小伙子成长为一个公司的副总经理,就是因为在表姑的鼓励下树立了自信,激发出了他的潜力。自信的人,在遇到困难与挫折的时候,可以奋发图强,越战越勇,并在挫折和失败中取得成功。而对于缺乏自信的人,在遭遇困难与挫折的时候,大多是自甘堕落,怨天尤人,最终放弃了奋斗的勇气。农民朋友想发家致富,并不一定能发家致富,因为致富还需要有一定的条件,但如果你缺乏勇气,连想都不敢想,试都不敢去试,就根本不可能发家致富。当然,"万丈高楼平地起",一定的知识技能储备是自信的基础,所以,那些具备一定的知识和实际能力的农民朋友,在改变命运、发家致富的过程中面临困难时,应当充满信心,高声地对自己说:"我肯定行!"

4. 一分耕耘一分收获

在很偏远落后的农村,有许多农民凭借自己的勤奋过上了富裕的生活,但在地理环境得天独厚的沿海地区和城市郊区的农民中,还仍然有不少人无法摆脱贫困。为什么会这样?固然外部环境条件对农民朋友发家致富具有重要作用,但事实上,起决定作用的还是每个人的行动。虽然每个人在天赋、知识、机遇等具体的情况上可能会有一定的差别,但这些已经富裕起来的农民,基本上都有一个共同的特点,那就是勤奋。

故事再现

身残志坚,勤奋发家

四川某偏远山村有名叫李宇的农民,是一个有志向并且很勤奋的农村青年。他一直想通过自己的奋斗让家人过上幸福生活。然而,2008年,一次突如其来的车祸夺去了他的左腿,不仅打乱了他原来所有的计划,还让他欠下了几万元的医疗费用。在此后一段时间里,李宇十分消沉,感觉找不到方向了,整天闷闷不乐,直到一次在收音机中听到了一个失去双腿的残疾人创业的故事,让他受到了极大的鼓舞。痛定思痛,李宇决定从头再来。一年之后,在家人的支持下和村干部的帮助下,他筹集了5万元资金,开始了创业之路。经过反复比较和向别人请教,他租了当地村民的10多亩土地,开始种植特种葡萄。为掌握技术,李宇拄着拐棍东奔西跑,到处考察别人的葡萄园,还拜访和咨询了省农科院和县农业局的技术专家。由于跑的地方多,他的双腋经常被拐棍磨破了皮,还无数次摔倒在别人的葡萄园里。慢慢地,李宇掌握了葡萄种植的一整套技术,经过悉心照顾,他的葡萄上市后,供不应求,经济效益年年攀升,每年纯收入达8万元,他也成了远近有名的葡萄种植能手。在有了一定的积蓄后,李宇又租了几十亩地,雇了几个农民帮忙,扩大了种植规模。他还主动号召当地村民调整产业结构,发展致富项目,免费为村民提供特种葡萄种植技术,很快有十几家都种上了特种葡萄。在他的倡议下,村里又成立了葡萄专业合作社,大家一致推荐李宇当董事长。随着村里葡萄种植规模的不断扩大,2013年,李宇又将目光瞄向了葡萄加工,从省农科院引进了葡萄酒生产技术,依托专业合作社,建立了酿酒厂。由于葡萄质量好、

第一章 观念一变天地宽

当地水质好,加上良好的技术,他们生产的葡萄酒很快得到市场的认可,现在已经销往北京、上海等发达城市。就这样,目前还不到40岁的李宇已经置下了一份不小的家业,成为了农村致富的先锋、残疾人创业的榜样。

■ 故事分析

俗话说:"一分耕耘,一分收获。"李宇这么一个农村残疾青年,凭着坚强的意志,拄着拐棍一步一个脚印地辛苦劳作和不懈努力,才取得了今天的成就,他所付出的努力甚至不是身体正常人所能做得到的。致富的道路是曲折的,需要付出的艰辛也会很多,那些喜欢投机取巧、渴望天上掉馅饼的人是不可能成功的。上天偏爱的是那些勤奋的人,机遇往往光顾有准备的头脑,喜欢那些不断进取、顽强拼搏的人,每个人付出的努力一定会有所回报。勤奋也不是天生就有的,而是后天养成的。只要我们肯播种,就一定能有收获;只要我们肯付出辛勤的劳动,就一定会远离贫穷,一定会有一个美好的明天。

5.持之以恒梦想成真

俗话说:"一口吃不成胖子。"许多农民朋友在发展致富的过程中,常犯的毛病就是急躁,总是想在短时间就能成功,甚至有的人幻想能够一夜暴富。今天去经商,明天去打工,后天又去搞企业,做什么都没有长期的打算,最终多是一事无成。其实这多半是由于急功近利,缺乏耐心和毅力。

■ 故事再现

在困难的时候要能坚持

王仁华是有个志向、喜欢钻研的湖南农村小伙子,2004年从家乡到广州打工,因为学了点电工知识,被一家生产功放的小厂家看中,招去做了生产工人。厂里只有20多个人,虽然各有各的工作,但都在一个车间里,因此很多技术知识都可以互相学习。王仁华很珍惜这个学习的机会,不仅工作很勤奋,还经常虚心向别人请教,老板与其他同事也喜欢他。3年后,他已经系统掌握了厂里的功放生产技术,也成了厂里的技术负责人。2007年,老板想改行做其他的生意,王仁华知道后找老板商量,由自己出资金购买厂里55%的股份,生产与销售都由自己来管,老板只收红利,老板同意了。王仁华东拼西凑终于借齐了款,就正式当上了厂长。刚开始还不错,但很快问题就来了。这个厂家主要是为国外的一家电子企业的功放做代加工的,2008年发生的金融危机对这家国外企业的影响较大,这家企业很快中止了王仁华厂的订单。这样一来,功放的销售就成了问题。王仁华只有全国各地跑销售,但他跑了两个月的业务,费尽千辛万苦却一笔大订单也没拿到,两个月厂子亏了10多万元,职工也只剩下一半了,再这样干下去,他撑不过两个月了。别人都劝他将厂子卖了算了,以免亏得更多,但他认为自己的产品质量没问题,价格也不高,主要是没形成市场影响,只要咬咬牙坚持下去,就一定成功。就这样,他仍然到处推销自己的产品,同时改进功放的技术。就在其他的职工都准备辞职的时候,四川一家娱乐公司下来了第一笔20台的订单,尽管数量不多,但让王仁华看到了希望。他马上给职工打气,请他们不要离开,再坚持一个月如果不行再离开,工资一分不少。不久,又来了一些订单。就这样,在王仁华一个月一个月的坚持下,厂子慢慢地恢复了生产。2014年,广州很多小功放厂已经倒闭,但他的厂子不仅没有倒闭,还收购了几家小厂,规模越做越大,年收益过千万元。有同行向他请教经验时,他只说了一句很简短的话:"越是困难的时候越要坚持。"

■ 故事分析

在发展致富的道路上,有成功者也有失败者。他们的差异,很多时候往往不是机遇的差异,也不是智商的差异,而在于失败者意志不够坚定,碰到困难就放弃,往往半途而废;成功者则从不轻易放弃,而是多坚持了一段时间,这段时间可能是一年,也可能是一月,甚至是一天、一个小时!无数的事实证明,无论多么艰难的事情,只要选定了方向不轻易改变,凭着坚持不懈的精神,就一定会战胜困难,收获胜利的硕果。所有想致富的农民朋友都应当记住,不论在什么时候,不论是顺境还是逆境,我们都要学会坚持,在别人坚持不下去的时候,更要心存希望,只要你坚持着并努力着,就一定会收获成功的喜悦。

二、埋头苦干不如抬头巧干

很多农民朋友发现,自己努力奋斗,勤奋工作,十分辛苦,但并不能达到预期

第一章 观念一变天地宽

的目标,不能为自己带来想象中的生活。而同样出身的人,在同样的环境下,有些人却能轻轻松松地过上好日子。这是为什么呢?有这样一个小故事:一个星级酒店的经理要在厨师中选择一位厨师长。于是向所有的厨师宣布,谁能够在最短的时间内把鸡蛋立起来,谁就能够做厨师长,十几个厨师都不断地尝试用各种技巧,从不同的角度去立鸡蛋,只有一个厨师不慌不忙地把鸡蛋的底部轻轻敲碎,一下子就立了起来。后来这个厨师便当上了厨师长。可见,成功不仅仅需要努力,同样也需要好的方法,也就是俗话说的"苦干不如巧干"。也许你一直在努力,而且坚信勤奋会有回报,这是对的,但你是否考虑过用高效的方法,通过"巧干"来获取最大的成功呢?我们不要只是埋头苦干,更不要鄙视那些通过"巧干"获得成功的人,因为他们是通过智慧找到了成功的捷径。如果你也掌握了好的方法和技巧,一样也可以走在别人的前头,也可以创造"一步登天"的神话。

1. 发家致富也要信息灵通

今天我们的社会已经进入信息时代,知识更新的步伐不断加快,社会的信息量急剧增加,传播速度不断加快。在这个时代里,最主要的特征就是:"信息无所不在,信息创造财富,信息决定成败。"可以说,当今社会信息已渗透到我们生活的各个领域、每个角落。但只有能及时获取信息,也就是信息灵通的人,才能把握机会,才可能发家致富。

■ 故事再现

李得胜的致富奥秘

李得胜是兰花镇的致富带头人,他的名气在方圆百十里无人不知,不仅因为他是当地种植大户和养殖大户,而且因为他有"预测"能力。像近些年蔬菜、猪肉价格起起伏伏、大升大降,李得胜都能够"稳坐钓鱼船",从来没有受到过损失,经济效益更是芝麻开花节节高。而镇上的其他种植户与养殖户就没有那么好的运气了,经常抓不住农产品价格市场涨跌的规律,不少人都经历过大起大落、大喜大悲,还有人因为受不了打击,甚至干脆改做其他行业了。

是李得胜运气好?还是他有超强的预见能力?别人都倾向于李得胜有不同于常人的"预测"能力,甚至连名字都取得这么贴切。因而经常有人找李得胜请教蔬菜、猪肉的行情。李得胜是个热心人,一般都会指点一二。还别说,一些人听了他的,哪怕在农产品价格不稳定的情况下,基本上也不会再受到损失。因此,李得胜的名气也越来越大。

其实,李得胜的"预测"能力并不是天生的,而是通过不寻常的付出才得到的结果。在一次乡镇的致富带头人经验介绍会上,李得胜讲出了他的秘诀。主要是因为他比别人掌握的信息多,又舍得花时间去研究、整理信息。他家的电视很少看娱乐节目,经常关注的节目是新闻、科技、财经类的;家里订了种植、养殖类的报刊杂志四五份;几年前他家里就买了电脑,他还参加了县里的电脑技术培训班,学习了电脑操作技术。当镇上有了互联网时,他家是第一户开通的,经常上网查资料;他现在还通过智能手机,经常关注一些时事新闻和市场信息。由于经常关注农业信息,他成了一个"信息通",什么农产品什么行情、什么农资价格他都知道得一清二楚。信息了解得多了,也培养了他对市场的准确判断能力。所以,他家种的蔬菜品种经常换,他养猪有时母猪多有时肉猪多,这都是紧跟市场形势走的。

李得胜的秘诀公开了,大家心中的疑问也一下解开了。从此以后,镇里的经营户也纷纷效仿他,读书、看报、上网、找资料、搜信息,掀起了学习热潮。

■ 故事分析

在过去,有一种行当叫"包打听",从事这个行当的人专门搜索相关信息来满足别人的需要,这些人就是当时的消息灵通人士。在过去信息相对闭塞的时代,能从事这种行业的人是很能干的。而我们今天生活在信息时代,每天都会有大量的信息产生和传播,而且获取信息的渠道越来越多,每个农民朋友都可以成为消息灵通人士。如果你有目的、用心地去收集信息,就会获取大量的有用信息,而抓住有用的信息,就抓住了致富的先机。所以,在今天这样竞争十分激烈的时代,发家致富还必须"消息灵通"。我们应该用最适合自己的、最有效的方法,获得对自己发展有用的信息。

第一章　观念一变天地宽

实用妙招

获取信息的渠道

一是图书报刊。图书报刊具有信息量大、自主选择性强、阅读方便等特征，可以提供很多有价值的信息。平时应当多关注自己感兴趣的信息，可以到当地图书馆、书店、专利情报所、档案馆等地去借阅、查阅或者购买相关的资料，还可以订几份与你想做的事情有关的报刊、杂志，有针对性地获取传媒信息。图书报刊不仅能为你提供发展致富信息，而且会为你不断提供各类专业知识和行业发展动态，使你开阔眼界。

二是广播电视。广播在农村曾经是主要的传播手段，广大农民过去主要通过广播了解政策、获取信息、学习科技。随着电视机的不断普及以及其频道节目不断丰富，电视逐步成为农民群众接收和了解外界信息的主要渠道。由于广播电视中关于发展致富的信息相对较少，农民主要还是以文化娱乐和业余消遣为主，因此，农民朋友要想通过广播电视获取与自己发展致富相关的信息，就应当有一定的技巧。要把自己的注意力集中在广播电视中比较专业的一些频道上，如一些广播中的农村频道、经济频道，电视中的农村频道、科技频道、经济频道、教育频道等，从这些较为专业的频道中，了解和熟悉国家的方针政策、生产资料和农副产品供求以及其他的涉农致富信息等。

三是互联网。互联网是新时代的发展潮流，它的显著特色是携带的信息量大、覆盖面广、更新快、交互性强，我们不仅可以从计算机网络上了解到全国乃至全世界的信息，还可以在网上谈判、签合同，进行买卖交易、智能操作等。互联网正在彻底改变社会的生产生活方式。对于农民朋友来说，学会从互联网中获取信息，是谋求发展致富的最新捷径。我们可以通过登录相关网站了解本地、国内、国际各方面的资讯；可以通过论坛交流、利用QQ等通讯工具与各行各业的人进行交流。当然，互联网还有很多功能，而且在不断拓展功能，这需要我们不断进行学习。

四是移动电话。近年来，农村移动电话的数量有较快上升趋势，移动电话在农村具有了相当的普及率，用移动电话沟通、获取各种致富信息越来越成为农民获取信息的重要方式。尤其是随着智能手机的普及，农民朋友在使用移动电话沟通生产生活信息的同时，还可以利用移动电话咨询、订阅信息、电子报、手机上

农民创业宝典

网、手机QQ、微信等方式,沟通并获取农业生产信息、农产品市场信息、外出务工就业信息等各种有用信息。

五是政府机构。自己所在地的地方政府或政府服务机构是一种重要的信息获取渠道,如农业、林业、人力资源和社会保障、工商、税务、卫生、质检、统计、物价等部门,处于社会经济生活的关键地位,信息来源更具权威性。我们可以关注它们的定期或不定期的公告、公开发布的消息、编印的信息资料等,或者主动、有针对性地到这些部门走访和咨询。这样可以提前了解本地政府将会出台哪些政策或者实施哪些措施,进而确定自己要从事的行业或者工作是政府支持或鼓励要办的,还是政府将要限制或禁止的,以便早做计划和准备,防止在发展中走弯路。

六是各类商会、协会等民间团体。现在各地都有一些商会、行业协会、技术专业委员会等民间商业和群众团体,无论你是否参加了这些团体,都可以到这些机构寻找相关的信息。他们都会有偿或无偿地为你提供一些相关的信息。当然,你最好加入本地的一些商会或协会,如本地的种植、养殖等专业协会,以及其他的工商业协会等民间团体。通过参与他们建立的长期、针对性强的信息网络,你将会获得稳定的、有用的信息。

七是各类会展及流通市场。在现代经济和社会发展中,各地都会定期或不定期地举办一些商品展览会、交易会、洽谈会等。在这些会议期间,因为参展单位众多,商贾云集,所以参会是非常难得的获取信息的渠道和机会。有针对性地参与其中,通过交流与咨询,你肯定会获得大量有用的产品信息、技术信息、价格信息和客户资料。你还可以以一个顾客的身份经常到各类商场、批发零售市场和集贸市场观察、了解和询问,直接了解与自己从事的行业有关的商品种类、质量、产地、价格、销售等情况,这些信息对你的发展也可能起到重要的作用。

八是人际传播。现代社会中,我们每一个人都是一个信息源,我们在日常生活中产生着信息,也在传播着信息,同时也在消费着信息。当我们想获取致富的信息时,最简单的方法就是和自己的乡亲、邻居、亲戚、朋友、同学、战友等人讨论、商量,尤其要重视与你想做的事情有关的生产能人、致富带头人、亲戚朋友、技术员等人的意见。他们往往能够提供大量的、直接的宝贵信息,可能会让你从中找到自己所需的致富信息,这对你将来的发展可能会起到重要的作用。

当然,以上介绍的获取信息的途径之间也并非可以分得那么清楚,有些是呈不断融合的趋势的。如电信网、广播电视网和互联网通过技术改造,实现三网融合,技术功能趋于一致,网络互联互通、资源共享,手机可以看电视、上网,电视可以打电话、上网,电脑也可以打电话、看电视。在这一信息技术快速发展的趋势下,各个地方的信息网络及"三农"服务信息平台也将更为完善,我们可以通过各类信息平台和服务体系快速地了解尽可能多的有用的信息。

2. 巧用信息让你一路成功

当今社会,信息传递手段越来越先进,从而使信息量爆炸性增加,比如新闻信息大幅增加、娱乐信息急剧攀升、广告信息铺天盖地、科技信息飞速递增等,使个人承载的信息量大幅增加。那么,处于信息爆炸时代的农村,面对这些大量涌入生产生活的信息知识时,农民朋友除了要学会如何获取信息,更要掌握如何辨别信息的好坏、真假。因为正确的信息知识用于指导生产,可能意味着致富增收;无用的或错误的信息,可能会让你事倍功半、一无所获,甚至遭受经济损失。因此,学会对信息的收集整理、开发利用,使之转化为发展致富的现实生产力,就成为农民朋友最重要的一个本领。

故事再现

差距在哪里

人生的命运为何如此不同?同样是农业种植大户,湖北荆州的张小林就总比不过同村的初中同学张海。张小林经营着50多亩的葡萄园,每年辛辛苦苦的,碰上行情好还能有点盈利,碰上周边乡镇的葡萄都丰收,葡萄价格上不去,他就白辛苦了。而张海经营30多亩的花卉,这几年日子过得红红火火,每年盈利都有10多万元。所以张小林有点愤愤不平,凭啥?当年,无论是家庭条件还是学习成绩,自己都比张海好,现在张海家买上2台小轿车了,自己还是骑着一辆破旧的摩托车。

在一次初中同学聚会上,张小林终于忍不住问起张海来:"海子,你说说看,咱们同学一场,为什么一样是搞种植,你能挣这么多,我与你一样辛苦,却没挣几个钱呢?"张海见人多,没有当面回答他,而是邀请他第二天去家里坐坐,好好聊聊。第二天一大早,张小林就去了张海家,一进书房门,张小林就愣住了,只见一面墙壁的书架上全是书,一张书桌上放着电脑,旁边摆着激光打印机,书桌上有一摞笔记本、几个大的有标签的文件夹,一侧还有个报夹,整个就像一个政府的办公室一样。张小林惊奇地问:"海子,你还在读书呀,准备考大学?"张海回答:"不是呢,这就是我搞农业的绝招。"

原来,张海平时喜欢读书看报,也喜欢抄抄写写。自从在电视新闻里看到种花卉的前景后,他就开始注意收集相关信息资料,将书、报、电视上看到的觉得有用的信息及时记下来,还经常拿个相机到处去考察,学习别人的经验。后来他种上花卉后,更加注意收集相关技术信息,他记录了一本又一本的笔记。条件好一点的时候,他又买了电脑,装上了宽带,收集信息更加便捷了,笔记也就写在了电脑里,编好目录,过段时间就打印出来。他在电脑里收藏了很多好的网址,广交了一批种植花卉的朋友,加入了一个全国花卉种植的QQ群,交流中得到好的信息也马上记录下来,他还在网上做起了花卉销售。所以,他收集的信息很系统,有政策的、技术的、农资的、市场的、各地情况的,查找信息也十分方便。张海家里可是一个花卉信息库呀,看得出来,他可是下了大功夫。

"林子呀,现在与过去不一样了,咱们搞农业的也要时刻学习呀!"张海语重心长地与张小林说。这下,张小林才意识到自己和张海的差距在哪里了。"不过这一趟没白来,以后还得多向张海请教请教。"张小林心里想,心情也一下子好起来了。

■ 故事分析

随着农村各方面条件的改善,今天的农民朋友获得信息的渠道越来越多,能获得的信息也越来越丰富,但不是每位农民朋友都可以依靠信息使自己发家致富,关键是如何在信息的海洋中去分析、鉴别信息,找到对自己有用的信息。像张海这样的有心人,懂得如何去寻找有用的信息,如何储存信息,如何抓住信息带来的机遇,所以他能致富,不落后于时代。在这个信息爆炸的时代,每一位农民朋友都应该着力提高自己对信息的分析处理能力,学会开发信息、利用信息,依靠信息来求得发展,获得财富。

实用妙招

如何整理信息

对于想发家致富的农民朋友来说,收集信息一定要有针对性,一定要从自己的需要出发,基本确定自己想从事的行业、职业目标如生产、销售、运输、政策、市场等,然后才能确定需要哪些方面的信息,再围绕确定的信息需求目标搜集信息。在搜集信息时,途径要多,范围要广,形式要丰富。这样搜集到的与目标相关的信息才会更全面,搜集工作才更有效率,有价值的信息才会更多。在完成这些工作后,我们发现,通过各种渠道搜集来的信息往往比较零散杂乱,这就需要进行分类归纳整理和分析,才能更好地使用这些信息。信息整理可以分为以下步骤:

一是分类归纳。要学会对信息进行分类归纳,对搜集来的信息可根据信息内容、信息类型、信息来源、信息与目标联系的密切程度等对信息进行分类归纳,以便随时查阅和使用。

二是分析评估。分析评估,通俗地讲,就是根据我们所确定目标的需要,对这些经过分类的大量信息进行评估和综合。评估就是对每条信息的来源确定权威性和通过全面对比来确定真实性,那些来源于政府及有关部门正式发行的书刊、正规的门户网站等权威性较高的信息和经过全面对比各方观点一致的信息可以列为重点信息,其他的可以列为次要信息。我们在作出与目标有关的决策时,主要依据的应当是重点信息,次要信息只能作为参考。

三是鉴别核实。面对大量的信息,对其鉴别是最困难的一个环节。当我们对一些信息拿不准,分不清好坏、真假的时候,可以多角度、多方面地向同行业或者有经验的人进行询问和核实,必要的时候,可以向政府有关部门、市场管理部门、学校和科研机构等单位咨询。同时,自己也应当在这个过程中,通过不断地总结、学习,逐步掌握分类鉴别各种信息的技能,进而合理利用有效信息和知识,让现代信息更好地为自己发展致富服务。

四是妥善保存。在获取信息后,就要学会保存信息,对经过整理和分析的信息更要妥善保存。保存信息可以采取记录、打印、复印、刻录光盘、制作备份、网络硬盘保存等多种方法。但要注意,对这些信息的保存不要只采取一种方法,应当采取两种或者两种以上的方法。

3.选好信息就能捞取真金

我们发展致富和创业的过程,实质上是一个不断地对信息搜集、整理、分析,并根据结果做出正确决策的过程。可以看到,无论是选择行业或者项目,还是选择地址,无论是制订营销方案,还是确定生产计划,每一个环节都要求我们对搜集到的各种复杂信息作出正确的判断,而这个判断过程,有人则形容是一个信息大海捞金针的过程,足见这个过程的不容易。

■ 故事再现

不起眼的消息成就致富路

胡云华是四川的一位农民,在外打工多年,2013年时打工所在的工厂经济效益不好,发不出工资,胡云华就回家了,准备另谋职业。闲着无事,他喜欢上上网,到村里的图书室看看报,顺便找找看有没有创业的门路。有一天,他在村里订的《科技日报》的中缝里看到了一则蟑螂养殖的小消息,感觉有点惊讶,不相信还有养殖蟑螂这种害虫的。回家后,他便在网上搜索蟑螂养殖的相关信息,不看不知道,一看不由眼前一亮,原来蟑螂具有很高的药用价值,干蟑螂可以卖到几百元一千克。从此,他就多了个心眼,特别关注这方面信息。在收集了一些信息资料后,他直接跑到山东的蟑螂种养场去参观学习,发现还真是一条致富之路。回来后,他又跑到四川农业大学找到一位昆虫学专家请教,专家也证实蟑螂有较高的培育和利用价值。于是,在取得家人的支持后,他再次到山东购买了2万元的美洲大蠊(蟑螂)品种回来,租了邻居家闲置的房子就开始了蟑螂养殖之路。蟑螂的繁殖能力很强,饲料很好找,加上胡云华平时的技术信息积累,这些蟑螂得到了精心照料,长得很好。随着蟑螂在养殖场内不断产卵生子,其数量越来越多。四五个月以后,蟑螂就出栏了,胡云华把它们用开水烫死、晒干,快递至山东的一个药厂。很快,他就进账了5万多元。一年下来,他卖出三批干蟑螂,当年纯利就有8万多元,还剩了一批种。第二年,他又扩大了养殖规模,当年纯利有20多万元。由于蟑螂药用价值高,所以药厂都争相采购,销售渠道也不成问题,胡云华还决定带动村里的人一起养殖,走共同致富的道路。

第一章　观念一变天地宽

■ 故事分析

在市场经济条件下,有人说"信息是黄金",这句话还真不假。胡云华是个有心人,抓住一条不起眼的信息,经过认真核实、反复考察,利用这条信息走上了致富的道路,这个故事是值得我们深思的。农民朋友面对每天各种渠道铺天盖地的信息轰炸,要想找到对自己有用的信息,用"大海捞针"来比喻一点也不过分。在这些海量的难以鉴别的信息中,如果没有一定的选择能力,我们会被信息大海中的垃圾、违法、假冒等信息"淹死"。因此,可以说那些对我们的发展致富最有效的信息就是我们要捞取的金针。这个金针具有时效性准、相关性强、准确性高的特点,对这个金针的捞取除了上面提到的普遍的信息分析整理方法之外,还需要有一定的技巧和原则。

■ 实用妙招

捞取信息大海中金针的黄金法则

一是反向近似法则。在信息的搜集过程中,如果一时找不到完全符合自己要求的信息,就可以利用这种逐步近似的法则。就是说,要让自己的"搜集半径"从大到小,尽量与目标半径相近似。"搜集半径"太小则漏洞太多,有时无法找到较多的信息;"搜集半径"太大则由于费用或者时间的原因,会不经济。因此,可以采取"搜集半径"由小到大的办法,从准确到近似逐步扩大搜集范围,直到认为信息的量可以满足需求为止。

二是持续坚持法则。信息搜集和整理分析不是一次性的过程,而是在发展致富道路上需要不断重复和坚持的过程。因此,要想对信息进行搜集整理分析,要有持续性,不能有长时间的间断,更不能有一劳永逸的思想。一旦放弃了对信息搜集整理分析的过程,那么,你就有可能与信息大海中的金针失之交臂。

三是永不对称法则。大海捞取金针,我们还应当遵守的一个法则是永不对称。就是面对信息的大海,我们的能力和精力是有限的,相对于海量的信息,我们永远无法得到所有的信息,也无法得到完全准确的信息。对信息的搜集和处理,我们要明确自己的目标和范围,对信息的量和质都要"够用"即可,不要将信息的质和量定位于自己的精力和时间不可能达到的标准。

四是定法筛选法则。面对大量的信息,我们要捞取信息大海中金针的最重要的黄金法则就是定法筛选,即对要获取的信息必须有明确的目标和范围,而且必须与自己的个人特征相符合。这个目标和范围一定不能太大,在通过各种渠道搜集信息的过程中,对不符合这个目标范围的信息,一律筛掉放弃,只留下符合的。

第二章
千金在手不如一技之长

一、百艺通不如一艺精

每个农民朋友都想发展致富,都想过上好一点的日子,可是如何才能达到自己的目的呢？我们都知道,在武林之中,即便是顶尖高手,也不可能十八般兵器样样精通。他们之所以称之为"高手",一般都拥有自己的杀手锏,有自己最拿手的、能够一招制胜的功夫,正如俗话说的"百艺通不如一艺精""一招鲜、吃遍天"。其实,发展致富也是这个道理,发展致富的道路千万条,一个人不可能也没有必要掌握所有的致富方法,与其掌握全部的方法,到头来哪一样都不精通、都只知道皮毛,还不如精通一种方法,只要能达到自己发展致富的目的就已经够用了。

1. 身有一技之长,不愁隔宿之粮

俗话说:"身有一技之长,不愁隔宿之粮。"这句话是指一个人懂得一门技艺,就不愁没有饭吃。虽然这是一句古话,但在今天仍然适用。当今社会各行各业对体力型劳动者的需求正在减少,而对专业技术人才的需求正在日渐升温。可以说,只要有一门娴熟的手艺,走到哪里都不愁没饭吃,农民朋友学到一技之长在优胜劣汰的今天十分重要。

故事再现

要想富,学技术

山西省临猗县的李国庆是个生在农村、长在农村的普普通通的农民。他家

弟兄六个,他排行第四。由于家庭贫困,李国庆只上完了小学就在家务农。长大成人后,李国庆在几个兄长的帮助下成了家。由于不懂得技术,虽然种了多年的庄稼,但经济上就是翻不了身,在县城打了两年工,也是卖苦力,没挣到几个钱,日子过得紧巴巴的。艰辛的生活使李国庆领悟到:没有文化知识是不能致富的。2008年,县里开展免费的农民技能培训,给了李国庆这个村5个名额。李国庆踊跃参加,他选择了"食用菌栽培技术"培训班。李国庆十分珍惜这次培训机会,进入培训班后,学习十分刻苦。他还通过老师帮助,购买了不少关于食用菌栽培技术方面的资料,一步一步地学习。在培训班结业后,李国庆掌握了小平菇的栽培、消毒、拌料等一系列技术。回到家,他投入了1万斤的棉籽皮,开始栽培小平菇,边学习边操作。有一次,在拌料时酸的成分较少,他就动脑筋想办法,用醋弥补了酸成分的不足,使配料成功。经过两年的努力,李国庆通过生产小平菇,腰包逐渐鼓了起来,并成了当地小有名气的食用菌栽培技术"专家",前来请教的人络绎不绝。随着周边栽培小平菇的人越来越多,李国庆想到了转行。经过考察,他在当地办起了面粉加工厂。尝到了技术的甜头,李国庆还是先从学习技术开始,为了把面磨得又白又净,他赴千里之外的石家庄、郑州拜师求艺,并购买了大量的有关书籍,认真钻研,然后又把工作人员送到面粉加工机械厂进行培训。由于有技术保障,他磨的面在当地非常走俏,供不应求,受到人们的普遍赞扬。现在的李国庆已成了一个阔老板。说起自己由穷变富的经历,李国庆感慨地说:"要想富,学技术,这句话可真不假!"

故事分析

当今社会,仅凭体力干活已经难以谋得好的生存发展空间,无论是在家务农,还是外出打工,无论是经商,还是办企业,都需要有专业知识、专业技能。同样是农民,懂技术的农民农业生产能力要强些,发展致富更容易些;同样是外出打工,懂技术的农民更受欢迎,比较容易找到工作;同样在经商、办企业,精通专业知识或者技能的农民成功的几率更大,挣钱会更多。要使自己成为身怀一技之长的人,办法只有一个,那就是拿出精力来,刻苦学习有关专业知识、专业技能,精通自己所从事的行业中的专业知识和专业技能,使之成为别人所不及的"一招鲜",这样何愁不能发展致富呢?总之,创业千条路,条条路上有黄金,就在用心不用心,只要一技在手,就能发展致富。

实用妙招

农民可学的技术种类及简介

(1)农业生产技术。在种植业方面,主要指农林作物、经济作物种植技术,包括农业中的粮食作物栽培管理技术,蔬菜育苗技术,病虫害综合防治技术,农药化肥施用技术,名优花卉栽培技术,核桃、红枣、梨枣、葡萄等经济林栽培管理技术,食用菌、中药材栽培技术,果园管理与改造技术,节水灌溉技术,盐碱地改良利用技术等。在养殖业方面,主要指畜禽、水生动物等养殖技术,包括猪、牛、兔、鸡、鸭、鱼等畜禽的常规养殖技术,畜禽暖棚建造技术,饲料加工及配制技术,优质牧草栽培技术,暖棚快速育肥技术,池塘养鱼、网箱养鱼技术,渔业捕捞技术,畜禽疫病防疫技术,水产动物病虫害综合防治技术,奶牛、肉牛、肉兔等特种动物养殖技术等。

(2)农业生产配套技术。主要指与农业生产相配套的有关技术,包括旋耕机、覆膜机、覆膜播种机、农作物收获机、少免耕农用机械的使用、保养和维修技术,农用运输车保养与维修技术,拖拉机保养与维修技术,农用机械保养与维修技术,沼气池、太阳灶、农作物秸秆转化技术等。

(3)农产品加工技术。主要指对农产品进行保鲜贮藏和精深加工的相关技术。保鲜贮藏类主要包括粮食贮藏加工技术,农产品的简单真空保鲜包装技术和比较大型的冷藏库建造、使用技术。精深加工则主要包括薯类家庭作坊式淀粉生产技术,如加工型薯条、薯片加工技术;竹藤加工技术,秸秆加工技术,林果品加工技术,如果汁、果酱、果脯加工;蔬菜产品加工技术,如番茄汁、番茄酱、胡萝卜汁、草莓饮料、百合干、百合饮料等深加工。

(4)职业技术。主要指在农村或周边城镇进行非农产业就业所常见的技能,包括缝纫裁剪、电脑数码、汽车驾驶、烹饪餐饮、木工、瓦工、油漆工、陶艺、铸造、家政服务、电焊工、车工、电器维修、摄像、美容美发等工种的职业技能,以及雕塑、篆刻、编织等手工技术。

(5)市场营销、中介服务技术。主要包括市场营销、涉农信息传播、中介服务等与市场连接的有关技术,涉农信息传播服务、农村经纪人服务、劳动力中介服务以及财务法规、现代经济、企业管理、实用法律知识等各类技术和知识。

2. 深山有高人，民间多绝技

许多农民朋友想致富，可是却不知道如何投资，不知道如何去选项目。投资大了怕风险，投资小了怕没钱赚。有没有一项投资小稳赚钱的门路呢？有，这就是民间艺人流传下来的民间绝活。我国各地各民族都有大量的民间艺术家，他们中的许多人都有祖传的绝活和自创的绝活，他们所做的工艺产品无论是造型、色彩，还是图案纹样以及制作工艺等方面，都具有鲜明的地方特色和民族特色，都是地地道道、堪称一绝的民间工艺产品。如果农民朋友能在短时间内学会一门这样的绝技，只需少量投入，再掌握了有效的营销技巧和创富技能，就会帮你快速走向市场，稳中求赚。

故事再现

把爱好变成创业机会

江西的赵勇17岁便出来打工，从搬运、抹灰、电工等工作做起，后来经人介绍进入景德镇一家陶瓷厂打工。由于经常与泥巴打交道，他平时无事的时候就玩泥巴，做一些动物之类的物品。后来厂里来了一个烧窑师傅，这个师傅有一个绝活，就是捏泥人，是祖传的，他与赵勇一见如故，经常一起捏泥人。有了知音，赵勇更加痴迷了，干脆利用业余时间向师傅学起了泥塑手艺。刚开始捏泥人他完全是出于兴趣，经过向师傅学习后，他发现自己的作品越来越得到同事和朋友的喜欢，甚至有人问他要，还有一家民间手工艺术品店铺愿意帮他卖，这让赵勇慢慢萌生了创业的想法。在师傅的鼓励下，赵勇决定将这个捏泥人的爱好变成发展的本领。于是，他来到南昌，在手工艺术品店铺比较集中的地方租了一个小门面，创立了自己的小工作室，专门创作泥人。刚开始生意很清淡，慢慢地有人发现了他的作品不拘一格、风格独特，就喜欢来观摩。后来越来越多的人知道了这里还有一个有艺术才华的后生，也开始收藏他的作品，赵勇的生意自然也就越来越好。通过几年的努力，赵勇的泥塑水平不仅得到了行内艺术家的认可，也得到了市场的认可，他在圈内已小有名气，订单更是应接不暇，还带了一批徒弟，年收入也从最初的一两万元涨到如今的二三十万元。

第二章 千金在手不如一技之长

故事分析

我国的传统文化博大精深,传统技艺无处不在。一团最普通、没有什么价值的泥巴,在民间艺人的手中,经过三捏两捏,立即就会身价百倍,甚至千倍万倍。这是为什么呢?带来巨大经济效益的不是这一团泥巴,而是民间艺人手中的绝活。我们身边就存在着许许多多这样身怀绝技的民间艺人,也许你曾亲眼目睹而记忆深刻,也许你只是偶然听别人讲过。如果我们创业之初,资金不足,项目难选,那些身怀绝技的民间艺人手中的绝活就很适合农民朋友经营,这些绝活投资少,没有什么风险,而且材料在全国各地都易购买,产品也非常好卖,是一门好操作、易赚钱的小本生意,也是你日后创业赚下第一桶金的理想方式之一。

实用妙招

民间绝活怎么学

民间手工艺"绝活儿"品种很多,各地各民族均有,常见的有糖人、面塑、泥塑、漆画、蝶艺、珠艺、竹编、木雕、石雕、剪纸、刺绣、织锦、唐卡、绢人、弓箭、粉蜡笺等,还有不常见的烙画、指画、民间撕纸、玛瑙绘、彩蛋画、绳编等,这些都是我国民间传统艺术中的瑰宝。这些作品形态逼真,栩栩如生,有着浓郁的地方或民族色彩,历来深受人们的喜爱。要想学会这些绝活中的一项或几项,可以通过以下几种途径。

一是向身边的人学习。在我们身边就可能有这样身怀绝技的民间艺人,他们中的许多人都有祖传的或自创的绝活,农民朋友要善于发现,多观察,多打听,多询问,看自己家乡附近有什么特殊技能的人,如果发现有合适的,就诚恳地拜师学艺。

二是参加特色工艺培训班。现在有不少地方都成立了民间工艺培训机构,开设了民间工艺培训班,加大对民间工艺的宣传与推广。比如一些民间工艺文化传播中心,就开办了剪纸、装裱、皮贴画、中国结等技术推广班,以及一些基层政府部门为转移农村劳动力、发展地方特色产业而组织的民间特色工艺培训。这类培训一般都具有当地特色,有些培训地点可能就设在本乡镇,非常有利于农民朋友前去学习。

三是到原产地学习。有些民间工艺流传并不广,只属于一个地方,如唐山皮影、蔚县剪纸、雄县花灯、曲阳雕刻、景德镇陶瓷等,如果你想学习这些民间工艺,则最好到原产地或流传地去寻找机会,依托专门的培训班或寻找名师拜师学艺。但也不是所有的民间特色工艺都可以学得到,有些靠家庭传承方式的民间特色工艺,不传授给外人,我们想学也可能很难学得到。所以,农民朋友还是要有所选择地去学。

3.创业重技艺,领先靠创新

俗话说:"师傅领进门,修行在个人。"我们学到了一门技术或者一手绝活,是不是就万事大吉,一定能发展致富了?不一定,因为在市场经济下,很多的传统绝活也受到了从业人员增多、消费观念变化等市场压力,必须创新自己的技术或产品。但技术和产品创新不是一朝一夕的事情,也不是一劳永逸的,我们学到手的技术或绝活,在发展过程中,既要保持着别人无法比的地位,又要保障其符合消费者的需求。这就要求我们的技术或绝活拥有者,不断学习提高,致力于技术和产品的创新。

故事再现

糖里淘金,创新致富

河北衡水的陈青雨在青岛一家企业打工,星期六休息的时候闲着无事便到街上溜达,看到前面围了一圈人,他凑上去一看,原来是个老艺人在画糖人。只见老艺人舀起溶化了的糖汁,在石板上飞快地来回浇注,不一会儿,几个栩栩如生的动物造型就画出来了,很快就被人抢着买走了。他站了大约半个小时,就发现老人卖了40来个糖人,毛收入200多元。陈青雨发现画糖人比打工能赚钱,便动了心思,自己的家乡正在搞旅游开发,何不学习这门技艺回家发展?想了两天后,他找到那位老艺人,诚恳地要拜师学艺,老艺人先是不肯,但经不起陈青雨的软磨硬泡,最终答应教他。此后,陈青雨辞了工作,跟着师傅学起了画糖人的手艺。按照师傅的教导,经过一年的辛勤练习,他也能画出一些飞禽走兽了。辞别师傅后,他回到了家乡,在旅游景点边上摆开了摊,一天下来,居然也净赚了100多元,这让他感到很兴奋。经过一段时间的摆摊后,他的画糖人手艺越来越好,收入也比打工强多了。但陈青雨还是不满足,觉得这门技艺还有潜力可挖,于是他先是在原料上下功夫,在白糖中添加一些果仁粉之类的食物,让口感更好。后来,一天摆摊的时候,一个小朋友要他画一个"奥特曼",他半天没想起是什么,小朋友告诉他是一个科幻电影中的角色。从此以后,他又开始注意小朋友喜欢的人物与动物,在画糖人中结合流行元素,练习画铁臂阿童木、海绵宝宝、机器人、猪猪侠、米老鼠之类的,而且他还学习画玫瑰花、吉祥果、文字等。他的作品很快受到了更多人尤其是小朋友的喜欢,他每天都忙得不可开交,收益自然越来越好。

■ 故事分析

现在社会都在提倡"求新、求变",不少传统的绝活因为创新不够开始走向没落,有的连传承都成了问题。而在世界范围内,许多地方的民族文化传统和文化遗产却正在成为一种人文资源,不仅重塑了当地文化,也成为当地新的经济增长点。在这样的背景下,传统文化包括传统工艺生产手段也不再是落后的象征,而是以其独特的工艺价值成为重要的文化产业。但要记住的是,传统绝活中的作品不仅仅是做一个产品,同时也是做一种文化,一种品位。只有这样,做出来的东西才会更有价值,更受人喜爱。因此,拥有了传统绝活的技术,还应当在坚持对传统文化的探索和挖掘的基础上,始终不断吸收现代社会的最新科学技术和文化因素,将这些传统与现代的文化因素和技术结合起来,让自己的产品更具有文化气息,更具有市场竞争力。

二、通一行就能成一行

中国有句名谚语——"三百六十行,行行出状元",这句谚语反映出一个道理,就是只有不努力、不钻研本行业的从业人,而没有高低贵贱之分的行业。不论做什么工作,只要你肯学习、肯钻研、敢实践,干一行、爱一行、专一行,就能精通一行、做好一行,在这个行业发展就一定会成功。

1. 美容美发

美容美发是为人们创造美和欣赏美提供服务的行业,在当前的城乡都很流行。从事美容美发行业的人很多,这个行业不仅利润比较高,而且由于行业的门槛相对不是太高,投资可大可小,所以很受城乡尤其是农村一些年轻人的青睐。但同时,也因为这个行业对从业者的素质(主要包括文化素质和专业技能两方面)有着一定的要求,加之从业人员较多,经营竞争也比较激烈,所以,要进入这个行业并且取得较好的效益,也并不是一件容易的事。

故事再现

从洗发妹到美容美发大老板

张丽从小爱漂亮,虽然是农村人,没什么好的衣服穿,但她从来都是穿得干干净净,头发梳得整整齐齐。镇上有一家发廊,每次赶集的时候,她都要去看一看,感觉挺有意思的,用上十几分钟、一两个小时,就能让人变个样。2004年初中毕业后,不顾父母的反对,她到县城一家发廊当了学徒。虽然那时候美容美发行业在县城还不太流行,理发师的待遇也一般,但她自己打心眼里爱上这个行当。她从帮助顾客洗发开始做起,一边工作,一边认真地跟师傅学习,空闲的时候还不断地琢磨,每次放假回家她就帮家人和邻居理发,练手艺。就这样,在那家发廊学了一年多,张丽出徒了,在另一家发廊干了三年后,拿着几年攒下来的一点积蓄便自立门户,在县城开了一家发廊。虽然自己做了老板,但也就是养家糊口,收入并不高,张丽对此并不满足。为了提高自己的技能,她经常到外地去学习美容美发技术,北京、上海、广州等大都市她都去学习过。在不断的实践和学习中,她的专业技能不断提高,在美容美发上的钻研也越来越深,她慢慢地学会了美容、发型设计、化妆等技术。由于她这个发廊的技术全面、手艺好,生意也越做越好,很多客人都慕名而来。在经营发廊三年后,她到省城找地方重新开始,扩大了营业面积,将小发廊变成了拥有20多个员工的美容美发店。如今,张丽已经开了多家分店,她自己也成了知名的发型师。

故事分析

随着人们生活水平的提高,对美容美发越来越讲究,有这方面技术、爱好的农民朋友开一家美容美发店,不失为创业致富的一条路。但美容美发行业看起来入门较容易,真正要发展起来却不是那么简单。要想在美容美发行业立足,除了长期的勤奋以外，必要的技艺、高明的经营策略也都是必不可少的因素。随着消费者审美能力、审美趣味的不断提升，要想有更大的发展并有所建树，美容美发师能够拥有较高的文化素质和艺术修养就显得非常重要。

实用妙招

如何开办一个美容美发店

（1）选好地方。选择在哪个地方开办美容美发店很重要，要分析自己心目中的美容院所在地的各种商业因素，如所处的是住宅区、办公区、闹市区、办公住宅混合区还是郊区；周围人口构成如何，尤其要注意是人口流入区还是人口流出区；消费者消费能力及消费者特征；所处的位置内服务设施的配套是否完整，交通是否便利。一般来说，可选的地方有以下几类：一是居住人口密集区。在交通便利的地方，以附近稳定的居民或上下班的职工为目标客户，可以满足顾客就近消费的要求。二是同行比较多的地段。同行密集的区域可以形成一个大的行业市场，使顾客慕名而来，虽然竞争激烈些，但只要突出经营特色，就能获取最大的经济效益。三是商业区。商业区是居民购物、聊天、逛街、休闲的理想场所，也是美容美发店的最佳地点，收益较可观，但租金费用比较高，投资相对较大，需要谨慎。四是大学校园附近。大学生群体是一个庞大的消费群，消费意识比较超前、时尚，适合开设比较专业的美发店。

（2）明确定位。开办美容美发店要有明确的定位。美容美发店可以分为发廊型、沙龙型、治疗型、休闲型、专业型、会员型等多种类型，不同的类型有不同的经营方式。发廊型是一般的美容美发小店，适合消费水平低的地方。沙龙型、休闲型消费较高，要求有比较好的软硬件条件，比如宽敞的场地、美观的装潢、良好的卫生、优雅的环境，还有技术水平高的美容美发师。治疗型和专业型则强调要有一批专业水平高的美容美发师和专业化、精细化的美容美发设备。会员型需要整体规模大，服务项目多，对管理水平要求高，要有一套完整的会员发展与管理服务办法。总之，不同类型美容美发店的目标顾客定位、价格定位、产品定位、服务定位、规模定位等均有所不同，需要进行认真的分析。

（3）管理科学。一是要有良好的员工激励制度。员工是美容美发店经营成败的关键，必须建立一系列规范的管理制度，如服务记录制度、收款制度、产品销售提成制度、培训制度等,充分激发员工的工作积极性与创造性。二是充分尊重顾客。经营中要有人情与产品销售结合的理念,让员工树立"客户永远是上帝"的原则,对每位顾客都要表现出充分的热情,提供良好的服务。三是合理控制成本。对基本的经营三要素即成本、销售、利润都要经过认真的核算,将成本控制在合理的范围内。四是建立良好的公共关系与社会关系。不仅要搞好内部老板与员工的关系,还要搞好自己与消费者、与政府有关部门、周边商家及公众、与同行业及供应商等外部关系,才能使自己的事业立于不败之地。

2. 盆景园艺

盆景、花卉、观赏树等是艺术品,也是商品,只不过它们是有生命的艺术化的商品。随着经济的快速发展,人们的生活品位越来越高,城乡对以花木、盆景为代表的园艺类产品需求越来越大,市场前景十分广阔。而在我国许多地方农民对土地的依赖减少,农村土地流转增加,当大量农民到周边工业区打工或自主创业成为主要职业选择时,留守在当地的农民,如果能够掌握盆景、花卉等园艺种植栽培技术,或者能够开拓销售渠道,掌握经营知识,那么开展园艺品的种植栽培或者零售、批发、租赁等业务,也不失为一个好的项目。

故事再现

"温馨花店"的创新经营

河北任县的农民女青年马丽英,2005年高中毕业没有考上大学,村里大部分没上学的儿时伙伴都到邯郸或者石家庄等城市打工去了。家人也劝她一块去打工,可是她却不愿意离开家乡到外面谋生,于是就暂时赋闲在家。在到县城闲逛的时候,她经常发现县城的农贸市场上总有几个老年人在卖盆栽的花。她从小就非常喜欢花花草草,家里本来就种了一些花,每当侍弄这些花草时,她感到精神愉悦、心情舒畅,于是她想,自己为什么不能加入这个行业,靠这个来赚钱呢?

当她有了这个想法之后,便在县城考察了一下,发现不大的县城也有大大小小8家花店,生意想要做好也不是太容易,必须有好思路。经过多方的考察,在父母的支持下,她投资8000元开了一家小小的"温馨花店"。虽然花店不大,但

第二章 千金在手不如一技之长

她把地址选择在了一个工厂和家属区附近,装修比较简单,但是对店内的布置下了不小的功夫。在经营上,虽然也有一些鲜花,但是经营的重点则是放在了盆花上,因为在县城里,鲜花销售量是有限的,但盆花因为是大众型的产品,而且也不容易死,投资相对较少,适合初入行的人经营。

经过一段时期的经营,她的花店收益并不是太理想,她通过和同行交流以及上网了解,发现自己的经营定位和经营方式仍然存在着问题。在经营定位上,主要的问题是没有特色,在经营方式上的问题则主要是仍然沿袭守株待兔的方式,没能主动出击。于是她立即着手进行改进,先是在旧有盆花品种的基础上,远涉南方购进了一批具有保健功能的保健型植物为主的盆栽花卉,从较常见的可以吸收电脑辐射的仙人掌类植物、可以美容的芦荟,到不太常见的补肾草、豆腐树、紫苏等,还有一些人们熟知、易于栽培的但不容易见到的药用植物,如人参、西洋参等,形成自己独有的特色。在经营方式上,她把每年的一些传统节日和西方的节日,如中秋节、教师节、情人节、母亲节、父亲节等,都标记在自己的墙上,每到这些节日的前几天,她就雇人到学校、住宅小区、工厂等地方散发一些广告,开展电话预订和送花业务。经过改进,她的花店很快就在县城有了名气。

■ 故事分析

目前,虽然盆景、花卉等园艺生意利润较高,但是市场竞争也很激烈,对于初入门的经营者来说,在对这个行业有一定了解的基础上,还应当量力而行。如果你有相关种植技术,可以从事园艺种植经营;如果你对销售有兴趣,可以从较小的投资开始,从事盆景、花卉等园艺产品的零售、租赁经营。虽然从事这些方面经营的人多些,赚的钱少,但只要肯动脑筋,就不难赚到钱,等有了经验再去从事批发、园艺工程等需要较多资金投入和较高技术支持的经营。

■ 实用妙招

从事盆景、园艺经营要注意哪些问题

(1)明确经营范围。对于要经营什么,自己一定要在市场调查的基础上有明确的定位,如主要经营的是鲜花、盆花,还是仿真花、盆景、观赏植物。有时这些

经营的产品是不能过于混杂的,如一般的经验是,在鲜花店卖盆景,定位不明确,效果不是太好,尤其是你对盆景不在行,还是少做。而鲜花和仿真花、花瓶、花器甚至礼品这些相关产品一起卖比较好,这样可以完善产品链,方便顾客的购买。

(2)营销要主动。现在很多花店、盆景店都是传统的守株待兔型的等着上门生意,在竞争激烈时,利润要下降,在淡季时,生意就很差。其实,经营者应当学会主动出击,人们过生日时买鲜花、过春节时买观赏花、乔迁新居时买仿真花、生意开张时送观赏树等是规律,情人节送玫瑰、看病人送康乃馨等也是规律,如果能抓住这些规律,在时间或者相关地点上动动脑筋,肯定能取得意想不到的收获。

(3)维系好与顾客的关系。花卉、盆景店的位置、装修和产品固然重要,不过这些资源只要花钱都可以买到,客户尤其是稳定的客户却是花钱也买不到的。因此,在经营中时刻要想到的是,真正能使我们立于不败之地的是良好的客户关系。对自己满意的客户应当经常联系,对自己不满意的客户,要有所表示,让他们愿意再来,唯有这样,才会有"稳定的老客户",也才会有客户管理的基础。抓住了经营最宝贵的资产——客户,才会真正使自己立于不败之地。

3. 照相

照相在过去,可是一个热门的行业,在二十世纪六七十年代,每到节日的时候,许多国营照相馆门口等候拍照的人就要排起长队。改革开放以后,私营照相馆出现,国营照相馆垄断的局面逐渐被打破,照相已经不是什么稀罕事了。近年来,随着照相机、数码相机、能拍照的智能手机的普及,许多地方的照相馆要么倒闭,要么转型,照相行业好像是风光不再。那么,照相这个行业还行吗?在农村还有生存和发展的可能吗?

故事再现

综合经营的小虎照相馆

四川隆昌青年李小虎,从小喜欢摄影,高中毕业后在成都一家婚纱影楼打工。打工期间,他经常参加一些摄影培训,并积极向摄影师傅学习,慢慢地自己也成了婚纱影楼的一名骨干摄影师。打了几年工后,他感觉打工不是长久之计,自己凭掌握的技术应该可以有所作为。经过一段时期的思考与准备后,他回到了家乡,在镇上开了家"小虎照相馆"。这个时候,农村许多家庭也有了相机,到照相馆照相的少了,传统的照相已经不赚钱了。他的照相馆一开始就从多方面对经营进行设计,走综合经营的道路。一是拍婚纱照。农村结婚也渐渐兴起了拍婚纱照,以往都是到县城去拍。而拍婚纱照是李小虎的强项,他推出了拍婚纱照这项业务,而且拍得并不比县城差,于是镇上很多人自然就不去县城了,都到他这里来拍。二是喜庆摄影。镇上每年都有很多要办喜事的,而农村办喜事喜欢讲排场。李小虎买了一台摄像机,推出了喜庆录像服务,结果很受欢迎,也挣到不少钱。三是旧照片翻新。农村家庭有些老照片因为放置的时间太久,很陈旧了,颜色也逐渐褪去,但有些照片是比较珍贵的,如何让这些老照片保留下来,是让很多农村家庭头痛的事。李小虎了解到这个情况,及时推出了老照片翻新服务,运用摄影与电脑技术将老照片进行修复,这项业务又让他赚到不少钱。李小虎还有很多想法,正在一一付诸实践。他觉得在农村开照相馆最好不要做单一的项目,通过业务创新和技术创新,将城市文化与农村文化融合起来,就会抓住当前农村的需求。正是有这样的经营理念和综合经营方法,李小虎的照相馆生意异常好,一年下来,不仅收回了成本,还净赚了6万多元。

■ 故事分析

随着百姓生活水平逐渐提高,一方面,各种各样的摄影、摄像设备走入寻常百姓家,到专业照相馆的人少了;另一方面,人们的消费理念变了,旅游、观光、参展、投资等活动的人明显增多,对摄影、摄像的需求不断增强,要求也逐步提高。与之相应,带给照相行业的便是巨大的挑战与源源不断的商机,所以有些店家生意兴隆,而有的则没开多久就关门大吉。这种现象在照相业非常明显,生意比以前难做是肯定的,但从李小虎的故事不难看出,成功者最突出的秘诀就是走"创新""复合"经营之路。

实用妙招

从事照相业怎样才能赚钱

(1) 照相业仍然是个有钱赚的行业。总体来说,一个较小的照相馆投资到底有多大呢？一台电脑、一部数码相机、几套布景、一台多功能彩色打印机,就能开一家照相馆,总共投资也就两三万元。那么,照相行业的利润到底有多大？据业内人士透露,照相馆的大部分业务利润都在80％以上,有的业务根据经营情况甚至能达到200％的利润。同时,需要一定的技术,投资小、见利快、有发展空间等因素,也是许多看似不起眼的小照相馆坚持多年经营的秘密。

(2) 价廉物美是小照相馆的一个法宝。一些开在乡镇或者学校周边的小照相馆,主要的顾客就是学生和普通客户。这些人拍照的首选一般不会是颇有声望的摄影中心,而多是一些普通的照相馆。所以照相技术的要求并不是特别的高,在拍照过程中,只要多一些可以掩饰面部小缺陷的简单化妆,多了一些"怎样摆姿势""怎样微笑"的专业指导,拍出照片的效果与普通照相馆或者顾客自己拍照明显不一样,个人气质面貌明显更好,再加上合理的价格,就不愁吸引不来顾客。

(3) 必须学会扩展经营找出路。"守株待兔"坐等顾客上门照相的生存发展之道早在前些年就行不通了,而去照相馆"正襟危坐"照张相的人也很少了,大型婚纱影楼纷纷出现,传统照相馆如果不转型或创新,就没有出路了。因而,照相馆除了要拍摄常规照片外,艺术照、婚纱照、黑白照、特技照、精放照、证件照、数码快照等拍照,胶卷、照相器材的售卖,精修照相机、冷裱塑封、产品翻拍、数码贺卡、创意设计、喷绘打印、影像存盘等都可以作为连带主业,同时把服务延伸出去,彩色复印、打字、扫描、特约外影、喜庆录像、电脑扫描、光盘刻录、水晶相片、相片过胶、电脑磁盘等影像服务、商务图文服务也可以成为业务上的新扩展。

4. 维修

维修行业在农村也是一个很古老的行业,从早年的补锅锔碗,到现在家电手机维修,维修行业随着社会的发展也在不断发展出更多的新工种,但也有一些旧的工种被淘汰了。现在维修行业可以说是数不胜数,以现有的技术水平,从高科技产品,到普通的日常用品,都有维修行业的生存空间。普通的农民学点维修技

第二章 千金在手不如一技之长

术,从事维修行业也是创业发展的一个较好的选择。

■ 故事再现

家电维修走出创业路

贵州开阳县青年李吉祥与在外打工的同龄人不一样,他一直想在农村干一番事业,折腾过不少的事,像养兔、大棚种植、开小百货店等,不过一直都没有干出名堂来,还赔了不少钱。眼看25岁了,还没做成什么事,家里人也跟着急。嫁在县城的姐姐回来建议他去学门技术,说她隔壁那里有个家电维修师傅,技术很好,又和姐夫是铁哥们,可以介绍他去学家电维修。李吉祥平时喜欢摆弄电器,闲着无事,听姐姐这么一说就同意了。师傅技术很全面,人也好,对李吉祥既要求严格,又细致照顾,一心一意地教授他。在师傅的精心培育下,不到一年,李吉祥就可以独当一面了。技术学好了,师傅也不留他,让他自己回家去发展。回老家后,李吉祥从姐姐那里借了1万元钱,在镇街上租了间门面,开了一家维修店,主要修电机和电视机等。原来街上有修电机和修电视机的师傅各一个,但技术都很一般。李吉祥开店后,凭借比较全面的技术,通过两年的打拼,将他们都挤得转行不干了。后来,农村各种现代电器逐渐多起来了,像冰箱、空调之类的进入了普通家庭,这些电器的维修业务日益多了起来,而李吉祥的师傅不会白电制冷类维修,没教过他这个。为了适应形势,他又自学了白电类维修。就这样,李吉祥边工作边学习,技术越来越好,找他的顾客也越来越多。在他所在的街上也陆续来过几个同行,来了走,走了来,都没站住脚。只有李吉祥的生意自始至终都是那么的红火,他终于找到了属于自己的一片天地。

■ 故事分析

农村家庭各种各样的设施、工具总有坏的一天,如果不是坏得太厉害,修修补补还能用的话,一般的家庭都会自己维修或找人维修一下继续用。而随着农村生活条件的改善,很多现代设施、工具进入普通家庭,这些设施、工具如果发生故障,很多农民不知道如何排除,这就对维修行业产生了更加广泛的需求。其实,大部分设施、工具的维修技术并不复杂,只要你用心学一学,掌握一些基本原理,运用一些工具,就能帮助很多家庭解决问题。因此,在农村从事维修行业,前景还是不错的。

实用妙招

如何选择维修行业

(1)选择维修行业要把握的基本原则。

一是要有兴趣,兴趣是最好的老师。如果你想选择维修行业的话,一定要从心里对这个行业感兴趣,有了兴趣才会真正愿意努力学习和工作,才可能有大的发展。

二是先熟悉这个行业。要想在维修行业中创业,又想比较有把握的话,就一定要通过调查、学习、培训、打工等方式熟悉这一行业,做到越熟越好,不要光凭想象、冲劲做事。

三是选择有前途的工种。有前途的工种,就是指未来会有越来越多的人使用这种产品,需要这种产品的维修服务。比如自行车保有量现在已经基本饱和,修理自行车就不是一个有前途的工种,现在使用手机的人多,未来还有更多的人要使用,相对来说,手机维修就是一个有前途的工种。

四是选择竞争对手少的工种。要找到完全没有竞争对手的工种几乎不可能,不过竞争对手越少越好。比如在农村,自行车维修很简单,入行门槛低,同时竞争的人也多;而电脑维修比较复杂,入行门槛较高,竞争的人就少。相对来说,电脑维修就是一个竞争对手少的工种。

五是投资金额越少越好。维修是一项技术活,投资太大意味着风险也大。所以,普通农民应该首选投资小的项目。如在农村修理汽车,不论是竞争还是利润,都有很多的优势。但是对于普通的农民来说,除了门槛较高以外,最大的障碍就是投资的金额太大,但对于修理农机,相对来说,投资的金额就要小得多。

(2)维修行业一些工种简介。农村维修行业工种非常多,像自行车维修、摩托车维修、修鞋之类的都已经很普遍。以下简单介绍几种较新的又较适合农民朋友从事的工种:

一是家电维修。近年来家电行业的销售利润和维修利润都在下降,而且一部分不诚信和技术落后的维修机构被淘汰,因此,一些业内人员不看好家电维修行业的前景。而实际的情况是家电维修仍然有巨大的生存空间,因为随着社会的进步,人们所依赖的家电产品会越来越多,这是维修行业的基础。但人们的节约意识和环保意识也在逐步提高,一些刚过厂商保修期的家电如果发生质量问题,丢掉又觉得可惜,只能送去维修,这时人们要找的一定是那些技术过硬、诚实守信的维修店,这就对维修行业提出了更高的要求。因此,要从事家电维修工作,需要注意以下事项:首先技术要精。一般家电维修培训从开始学到独立操作,大概需要6个月左右,但是家电行业发展迅速,品种也层出不穷,所以维修技术一定要紧跟上。多看书学习,才能应付家电行业的快速发展,保证在维修过程中做到短时、快捷、质优。其次服务优质。家电维修行业是服务性行业,你要面对的客户大多是街坊邻里和回头客,服务不好,街坊和回头客少,你的服务经营就会把你搞垮,无回头客就只能说明你的店存在问题,有待整改提高。第三,未来家电维修业不会消失,从事家电维修行业可以让你三餐稳定,但是要想发财,还要靠自己的创新和努力。

二是手机维修。手机维修行业的出现是在20世纪90年代初,那时的手机维修利润非常高,修复杂一点的故障维修费上千元司空见惯。经过十几年的竞争,这个市场基本稳定了,而且手机维修的市场潜力巨大、长久。手机已经成为今天百姓必备的通讯工具,与人们的日常生活越来越密不可分。手机是精密的电子产品,而且是随身携带的,它的故障发生率要高出家电和电脑几倍甚至几十倍。售后服务一般只保修一年内的质量问题,过了一年的和一年内人为损坏的,是要收维修费的,而且费用很高。顾客找自己信得过的、技术过硬、价格合理的手机维修商就成为必然选择。从事手机维修的投入并不高,但最重要的是由于手机技术的发展日新月异,要求手机维修必须掌握各种最新的技术,因此,选择一所真正有能力培训手机维修人才的培训机构才是最根本的问题,其他方面如店面选择、器材选购、维修价格、服务态度等相对来说都不是最核心的问题了。

三是电动自行车维修。电动自行车市场最初的暴利在于卖电动自行车,而现在这个暴利已经转移到了电动自行车修理上,因为目前的修理市场上没有可参考的标准,这种修理市场的不透明将随着行业的逐步发展和规范而消失,但是可以预见,在未来的几年内,暴利仍将持续一段时间。适合该工种的农民可以是原自行车修理店、摩托车修理店的从业者,也可以是电动自行车销售者,还可以白手起家。一般可以通过技术学习或者加盟方式进入电动自行车修理行列,也可以通过专门以电池修理为主进入电动自行车修理行业,因为电池是电动自行车修理的一个关键环节,也是比较赚钱的一个部分,专做电池修理也是有利可图的。此外,还可以围绕电动自行车的服务项目做一些文章,比如电动自行车快充站、电动自行车电池租赁等一些实用型单项经营项目,这些单项可与投资者现有各种路边店面、摊点相结合。

5.手工艺

近年来,人们又开始崇尚简朴、清新的生活,各种各样的手工艺品,成了许多人喜欢购买的商品。我国农村有着丰富的手工艺资源,各地都有自己不同的手工艺制作方法和特殊的原材料。如果哪位农村朋友对某种工艺品的制作很在行,不妨试着把它变成商品出售。卖手工艺品赚的钱,不但足以补偿你花的时间、原料,还能让你真正赚上一笔。如果你对手工艺品不在行,可是又想从事这些行业,可以专门找人学习。那么农村手工艺品种类都有哪些呢?怎样才能依靠手工艺品来实现自己发展致富的理想呢?

(1)农村手工艺品种类。农村各地手工艺品门类众多,各地都有比较特色或者说是亮点突出的手工艺品。由于历史上移民迁居的原因,也使不同区域的手工业门类和特征出现了一些交叉,呈现比较复杂的分布。以下只是简单列一些项目出来,主要的还是要靠农民朋友自己在家乡进行调查或者从市场中发现商机。

较常见的手工艺品种类很多,主要有石雕、竹编、木匠、漆器、陶瓷、玉器、铁器、篾匠、草编、织带、纸花、鞋匠、绣花、剪纸、年画等。而在这些常见的种类里,有较好的经济效益、投资较小、比较容易入行的种类也很多,如采取先进的技术和传统的精湛工艺利用麦秸编成各种小动物、小玩具、小用品的麦秸工艺品,用玉米棒包皮编织的坐垫、床垫、盘垫、靠垫等生活用品,用高粱秆扎制的各种工艺品,以柳条为原料编织的笼、筐、篓等手工艺品,以棕叶、竹和塑料为主要材料的棕编纯手工艺品,手工绣花如刺绣、十字绣制作的门帘、窗帘、床罩、台布、鞋垫等,用手工织布做的乡村蓝格子窗帘、桌布、床单等美观大方的土织布,具有特殊风格的剪纸手工艺品,具有地方特色的年画、版画、手工制作的布玩具、布贴画,各种材料制作的中国结、灯笼等民间常用装饰品,采取内画工艺的花瓶、水晶球、笔筒、鼻烟壶摆件,以及脸谱制作、彩塑泥人、砂岩工艺品、真皮毛仿真动物等,还可以专门学习和生产一些少数民族的手工艺品,如苗族的绣花布鞋、细草鞋、花带,藏族的手链、唐卡、角梳、牛骨挂饰等。

(2)如何从事手工艺品生产。

①生产准备。如果你是工艺品生产的新手,就应当首先学会如何制作。可以向农村的一些老师傅学习,也可以参加一些培训,读一些相关的杂志,收看工艺品制作的电视节目,还可以通过加盟一些生产手工艺品的企业,学习相关的技术。然后就是不断地练习,直到熟练为止。再次就是不论你是新手还是老手,如果想靠生产工艺品致富,都需要找从事多年相关工作的人谈谈,听听他们的经验,你会受益匪浅。

②生产特点。你可以利用业余或者农闲的时间来从事手工艺品的生产,边做喜欢做的事,边赚钱。这种产品不需要很多资金,也不需特殊执照。当你的产品销售量增多,也就是说你一个人的生产已经不能满足销售,感到供不应求时,还可以雇人来帮忙。

③设备投入。一般来说,生产设备取决于你要生产的产品,做木制工艺品用的工具当然与制作陶瓷工艺品的工具完全不同。如果你能够做一些工艺品,说明很可能你已经有了一些设备,但应当考虑的是,若要批量生产,在现有工具的基础上,是否还需要别的工具、设备,以提高工作效率。因为只有产品生产得越多,你的收入才会越多。

④产品销售。生产的手工艺品到哪儿去卖呢？一般可以把工艺品卖给批发商或是代理商,让他们再转给零售商。你也可以直接卖给零售商,在零售店里寄售,或者邮售你的商品,也可以直接到集贸市场去卖,还可以到艺术品交易会或者工艺品博览会,但这里的要求比较高,要求你的产品必须是高品位、低成本、低价位的产品,否则不会有太大的希望。

⑤发展壮大。现在手工艺品生产虽然样式很多,但也比较杂,缺乏品牌效应。因此,你的手工艺品生产要想发展壮大,就要想办法与别人的产品有所区别,从材质到造型,从生产到销售,都要力争避免与别人相同,尤其是要增加产品的文化内涵,提高产品的内在价值。因此,生产手工艺品最重要的是要么对技术精益求精,成为一个"绝活",让别人无法超越,要么就是通过博览会、杂志、电视等掌握最时尚的流行动态,时时创新,不让手头的工艺品过时。

第三章 走村串巷觅商机

一、流动服务优势多

"行商坐贾"是中国对商人传统的分类和叫法。什么是"行商"？这一称谓来源于旧时走街串巷的小商贩，简单地说，就是顾客不动，而商人将商品推广上门的经营方式，现在的新称谓多叫作"流动商业"或者"流动服务业"。那什么是"坐贾"？"坐贾"也可以叫作"坐商"。所谓"坐商"，就是我们常说的开店，因为经营过程中，经营者大部分都是采取坐等客人上门的经营方式。以前不仅"行商"在农村相对出现的较多，而且农村从事这类行业的人也较多，可见"行商"对于农民来说是具有一定优势的。直到今天这个优势仍然存在，农民仍然可以从事许多的"流动服务"，而且仍然能够发家致富。

■ 故事再现

货郎担担出幸福生活

张牛侎是一个多年从事乡村货郎的小商人，年纪大了以后挑不动了，就把货郎担闲置在家。儿子张大平平时在县城做零工，30多岁的时候，老婆生了一场大病离开了人世。由于要照顾老人，张大平没办法出远门打工，便干脆拾起父亲的行当，挑起了货郎担，在农闲时走村串户，一方面可以多挣些钱，另一方面又能打发寂寞的时光。张大平是个很能吃苦的人，冬天不管天多冷，他把棉袄棉裤往身上一裹，就走村串户去了；夏天不管天多热，他头戴草帽，脖子上系条湿毛巾，就开始了一天的"旅程"。他的担子里满满地装着针头线脑、花夹子、小孩玩具、糖果、铅笔、小本子之类的东西,一边走路一边敲打着小铜锣,嘴里还不时吆喝几声。现在乡村里的货郎没人干了,所以张大平反而受到人们的欢迎。到一个村庄就能引来一群人,大多是老人和小孩,他们有时还提出来要张大平代为采购些物品。为了方便大家,张大平不断增加一些新的货品,对别人要求带货也有求必应。如此一来,张大平的收入还不错。有了一点钱后,张大平就买了一辆三轮摩托车,装上个小喇叭,把货郎担搬上了摩托车,进村串户就更方便了,而且带的货品更多。这样一来,他的收入也更多了,虽然谈不上发财,但日子也是一天比一天好。见张大平这么勤快能干,邻村的一位姑娘看上他,双方很是谈得来,2014年春天两人结婚了,如今又生了个小胖娃,张大平整天笑得合不拢嘴。

■ 故事分析

农村里的一些流动服务业,随着经济和社会的发展,有的不可避免地要被淘汰,有的必须进行创新和改进。这个行业投资不大,即便失败也不会赔多少钱,如果你暂时找不到好的就业创业门路,何不拾起这个行当试一试?更何况,有许多人在新形势下经过自己的努力,对一些旧的流动服务行当进行改进后,反而取得了比外出打工更好的收益。因此,只要你多留心,敢创新,不怕辛苦,流动服务业就可成为一条致富之路。

■ 实用妙招

农村流动服务业的特点和优势

(1)流动性。流动性是流动服务业的第一个特点,形式是"流动的",即没有固定的经营点,是在流动中到不同的地方销售产品或者提供服务,主动寻找顾客,不同于开实体店,坐等着顾客上门来。

(2)稳定性。流动服务业因为流动性强,所以相对"坐商"来说,建立稳定的顾客群体相对较难,从而导致经营收入稳定性较差。但是流动服务业的优势也在于流动,通过流动可以主动地找到顾客,自己的货物好卖,也有一定的利润空间,在开拓客源方面有着天然的优势。

(3)投资少。流动服务业因为少了实体店铺的投资,也少了与店铺相关的一些投资,所以在投资上具有投资少、资金回收快的特点。

(4)风险小。流动服务业因为投资小,在经营中转变较快,进退都比较容易,所以又具有风险小的优势。

(5)门槛低。因为投资少、风险小,加之需要的从业人员较少,很多行业只要一个人就行,所以这类行业的门槛较低,容易进入。

(7)便利性。因为货物是送到顾客门前,而且许多货物既可以用钱买也可以用废品或者粮食等其他物品来换,想买就买,想换能换,对农民来说很方便,也就比普通的商场或者超市有了更多的便利。

二、新旧"行商"都是活

随着社会的发展,农村中一些旧的传统行业被淘汰了,同时有许多新的行业出现,还有许多传统行业适应新的形势,经过改进,也在市场经济中站稳了脚跟。所以说,不论新旧行业,只要你选对了路子,肯努力,都一样可以发财致富。

1. 农村运输

改革开放以来,随着农村经济的发展,农村道路通行条件的改善,尤其是国家支农惠农和农机购置补贴政策的引领拉动,进一步调动了农民购置农用机械从事农业生产和农村运输业的积极性,各地的运输专业户也迅速发展起来。许多农民靠运输走上了致富之路,农村运输成为农民致富发家的一个很热门的行业。

故事再现

运输拓展致富路

刘玉龙是山东寿光的一个普通农民,全家三口人,原来只靠种地维持生活,日子过得挺紧巴。俗话说"穷则思变",头脑灵活的他为了生计,凑了些钱去驾校学习了开车技术。学成后通过老乡的介绍,在青岛给别人开货车跑运输,家里的生活慢慢有了改善。但刘玉龙是个有心人,虽然日子好了,但他并不满足。由于他在给别人开车跑运输的三年时间里注意观察,又多方调查和询问,很快掌握了运输行业的一些诀窍。于是在2001年,他辞去工作,回家东拼西凑借钱买了一辆农用汽车,自己搞起了运输。山东寿光是全国有名的大棚农业生产县,主要产品是蔬菜,他就专门围绕这个打主意。主要从外地向本县运输生产大棚蔬菜需要的原材料,从本县向外运输大棚蔬菜。由于他勤快肯干,加上又有运输的经验,很快就挣到了不少的钱。他用这些钱,加上一些贷款,又买了2辆车,成立了自己的运输公司。现在他的运输公司搞得红红火火,一年挣上20万元不成问题。更为可贵的是,他致富不忘乡亲,还带领几个本村农民一起跑运输,如今跟他一起跑运输的农民也都一个个地富了起来。

故事分析

农村运输业现在是一个致富较快的行业,但是想从事这个行业,也有一些限制性因素是必须考虑清楚的。一是驾驶者必须有交通部门颁发的驾照。二是运输业的投资相对较大,动不动就要投入几万甚至几十万元,对于经济条件较差的农民来说,门槛有些高。三是农村运输业风险比较高,在工作过程中一旦出现交通事故,车毁人亡的事时有发生。四是运输业的分支也很多,比如可以搞货运,也可以搞客运,可以用大车拖笨重货物,也可以用小车拖轻巧货物,可以自己购车开车,也可以自己购车雇别人开车,还可以搞配货,但无论哪个分支,都要有一定的经验,不要贸然进入。

实用妙招

搞农村运输安全是第一

目前从事农村运输业的农民日益增多,但是无牌上路、无证驾驶、私自改装、违章拉客、坑害乘客等违章违法现象也很突出。更有一些人为了多挣钱,不顾自己和他人的生命财产安全,超速超载、疲劳驾驶、酒后驾驶等,导致严重事故发生。每年都有大量的运输车辆因为违章而出现了车毁人亡的惨剧,给自己和他人带来无法弥补的损失。因此,从事运输工作尤其是自己驾驶的农民朋友,一定要时刻把安全放在第一位,不仅要杜绝一切违章行为,还要在行驶过程中及时掌握天气、道路状况变化,尤其在临水、临崖山区行驶,更要提高警惕。这就是"农村运输要牢记,交通安全是第一"。

2.送食品下乡

送食品下乡也是一个非常宽泛的就业渠道。以前农村许多传统流动商贩经营的就是食品,比如传统的吹糖人、卖瓜果、卖豆腐等食品或者其他自制的食品在农村一直有经营。在新的经济形势下,送食品下乡从经营的商品种类到交通工具再到经营方式,又衍生了更多的形式或方式,下乡的食品品种更多,运输更方便、更快捷了。

■ 故事再现

赚钱的早餐流动车

湖南衡阳39岁的农民张振庄,2000年起就在省会长沙打工,主要是帮人搬运货物,由于家里母亲长年多病,他经常要买些药送回去。久而久之,他发现,在自己村里一日三餐都是吃米饭,做饭还要耽误不少时间,而在城市吃早餐种类很多,包子、馒头、糕点、米粉等什么都有,又方便又省事。他又想,将城市的早餐种类推销到村里各家各户去,应该是个好门路。很快他辞掉工作回到家乡,开始行动起来。首先他请教一位厨师学会了做包子、馒头,然后买回了一些设备,再到县城买回一些食品,投资不到2000元,他的流动早餐车就开业了。

每天一早,他将做好的包子、馒头和在县城采购回来的糕点、早餐饼之类的食品放在三轮车里,边骑着上路,边用小扩音器播放"卖早餐,包子、馒头……"之类的"宣传语"。开始几天,没什么人买。慢慢地人们发现,买早餐比做早餐的确省事多了,而且可以换口味,于是买的人逐渐多起来了,他的生意也好起来了。过了一段时间,张振庄又琢磨着将包子、馒头做得更合家乡人口味,并添加了豆浆、酸奶等更丰富的品种,还将三轮自行车换成了三轮摩托车。看到生意越做越红火,他又请来几个亲戚帮忙,分路线送早餐上门。几年下来,他就成了村里的富裕户,现在他又在计划办早餐食品加工厂了。

■ 故事分析

在农村送食品下乡,渠道很多,方式也很多,但大多由于门槛很低,进入这个

第三章 走村串巷觅商机

行业比较容易,而且风险比较小,因此竞争自然也就比较激烈。要想在这个行业中找到立足之地,就一定要有自己独特的想法和与众不同的经营方式。只有这样才能真正靠这个行当挣到足够的钱,而不只是简单地挣一些辛苦钱。

实用妙招

食品卫生要谨记

"食品安全大于天"。由于农民对食品安全的防范意识较差,农村目前已经是食品安全事故的高发区,国家有关部门对食品安全的监督管理也日益严格。因此,送食品下乡的企业或者个体经营者,首要的问题就是严把食品卫生安全关,不仅要依法经营,对自己生产的食品严格依照卫生要求生产加工,在进其他企业的货时,也要索取生产企业的营业执照、卫生许可证、检验报告证等,做到证照不全的不进货,不符合要求的不进货。售货时,向消费者提供发票等有效凭证;建立"销货台账",以备查验。要时刻将食品卫生安全放在首位,防止因为食品卫生问题,出现害人又害己的"送祸下乡"事故发生。

3. 送肥到田

送肥到田也是近些年在农村新兴起的一个行业。化肥由各级供销社统一经营时,只有送肥下乡的业务,而没有送肥到田的业务。随着改革开放的深入,化肥经营的垄断被打破,农村大量的个体私营者进入化肥经营领域,竞争也日渐激烈,于是各种形式的送肥到田业务也就应运而生。

故事再现

送肥到田新经营

河南省新乡的农民赵会宾,长期在本村经销化肥。一开始效益还是不错的,可是随着现在经营者越来越多,由开始价格上的竞争到现在服务上的竞争,竞争也越来越激烈,而效益却越来越差。为了走出这种困境,赵会宾想出了不少的法子,如卖化肥送奖品、赊销、送肥到田等,但是效果也不理想,因为家家经销商都这样卖,农民就不感觉新鲜了。

　　头脑灵活的他又改了新的法子,采取了综合送肥到田的业务。一是和农业技术部门联系合作,请了一个技术员定期给农民讲解农业技术,特别是化肥农药技术,农民听得很受用,对他的产品信任度也提高了。二是自己掏钱专门买了一台机动化肥深施机,改变传统施肥方式,不仅节约了人力和工时,还提高了化肥利用率,只要本村或邻村的农民打一个电话,他的播肥机就直接送肥到田头,下田播肥。三是他对本村和邻村的一些种地大户采取最低价销售、送肥到田、免费播肥,免费提供技术支持、定期联络感情等方法,和这些大户建立起了专门的联系网络和长期合作关系。这样多措并举,他的经销点不仅在本村销售额最高,而且在本乡也名列前茅,许多外村的农民也到他这里购买化肥。

■ 故事分析

　　赵会宾的成功在于,他不是简单地想了一个方法,行就一直坚持下去,不行就放弃,而是不断有新招,更是把各种招数合起来打"组合拳"。所以说,不光是农资化肥销售行业的送肥到田这种创新,无论什么行业,要想长期赢利,不仅要坚持创新,而且不能只是跟在别人的后面学,还要有综合创新的能力,让别人学不到或者不好学,才会更有竞争力。

■ 实用妙招

流动经营农资要注重的两个重点

　　(1)质量是根本。农资经营的服务对象都是自己本地的父老乡亲,所以不管你采用什么样的销售方式,也不管你如何创新,提高经营效益的前提,也是最重要的一点,就是化肥的质量一定要好,不然的话,就是一锤子买卖,你的经营肯定长不了。

　　(2)创新思路多。如今都在大力提倡原生态、无公害种植,有些地方的农民在城里承包公共厕所或者单位的粪池清理,将城里大量的人粪尿送到农村田间,很受农民欢迎。经营者不仅可在需肥的农民那里得到劳务费用,还可在城里的单位或用户那里获得一笔粪便清理费,可谓一举多得。现在许多农民家庭用上了沼气,但是沼液废渣的清理却很不方便,费时、费力,有些地方的农民就专门帮助清理沼液废渣,免费或者收取少量费用,把抽取和清理的沼液废渣当作有机肥直接送到需要的农民田边卖掉,每年下来的收益也很可观。

4.农机服务

随着现代农业的快速发展,农业生产中使用机械代替人力进行耕作越来越普遍,尤其是国家对购买农用机械的补贴力度逐步加大,让越来越多的普通农民家庭都买得起、用得起农机。但由于大部分农村人均耕地少,每个农民家庭就那么几亩或十几亩地,购买一台农机就很不划算,所以仍有很多农民家庭不愿意买。由此,农机服务在农村迅速兴起。农忙时,农机户开着机械今天到这家、明天到那家帮助耕作,每家收取一定的费用,既解决了机械的闲置浪费问题,又节约了农业生产成本,买机械的与买服务的都很划算。因此,农机服务这一行当在农村很受欢迎。

故事再现

年收入上百万的农机服务

刘海龙是山东人,高中一毕业便干起农机手,帮邻村一个农机大户开农机。辛苦工作好几年,积蓄却没有多少。2005年春,经人撮合,他落户到邻县的马家,当了上门女婿。马家开办了一个养鸡场,经济条件相对较好,婚后的刘海龙一边与妻子一起打理养鸡场,一边又动起了农机的心思。2006年,他投资6万多元,买了一台50型拖拉机和背负式小麦联合收获机,并以每亩50元的价格干起了劳务收割,当年就净赚4万多元。这一成功让他看到了农机服务的广阔市场。随后,他卖掉养鸡场,投资19万多元,购进了自走式小麦收割机、大型拖拉机等机械,雇用了几个农机手,成为了一个农机服务专业户,业务范围很快拓展到了周边几个县。业务虽然不断扩大了,但刘海龙总感觉到机械的效率不高、维护成本也较高,所以总寻思着要购买更先进的机械,但庞大的投资让他难以承受。2008年春,国家推出了农机补贴政策,消息一传来,他立刻购买了一台玉米联合收获机,享受到的国家补贴和地方补贴为他省了4万多元。就这样,他一边通过服务积累资金,一边借助优惠政策不断地更新机械、扩大业务范围。后来他又陆续购买了互换割台自走式玉米联合收获机、天拖8202型大型拖拉机等先进机械。目前,他的农机作业范围已经从山东省扩大到了河南省和安徽省,可完成万余亩耕地的收割和机耕作业,年收入上百万元。

故事分析

农机服务是提高农机利用率和经济效益的一种很好的经营形式。随着农业生产中人工服务成本的不断提高,农业机械服务以高效率、低成本的作业特征,越来越受到普通农业生产者的欢迎,因而在农村有着广阔的市场。如果农民朋友有一定的资金实力和相关的技术知识,不妨也加入这个行当中去,只要找对方向,不怕辛苦,注重服务质量,就一定能和刘海龙一样在农机服务中发展致富。

实用妙招

农机服务要注重服务质量

市场经济条件下的竞争,主要是服务的竞争,谁的服务好,谁就能赢得客户。农机服务也一样,农机服务质量的好坏直接影响着经营户的信誉和收入。因此要特别注重以下几个方面:

(1)农机作业必须符合一般技术要求。农机服务作业主要有耕整地、播种、中耕、植保、收获、秸秆还田等。不管是哪种服务,都要做到:适期作业,不违农时;保证作业的技术要求,精益求精;减少土壤压实和底层的破坏,保持土壤的良好结构;按照相应的农机作业技术规范进行,保证优质、高效、低耗、安全地完成生产任务,降低作业成本,减少各项损失。

(2)农机作业要讲求实效。农机服务要在保证作业质量的基础上,尽量缩短作业时间,提高作业效率,这样既为客户抢了农时,又赢得了更多的服务客户,增加了收入。作业前要进行计划,确定行走路线,训练好标准作业手,做好各项物资准备工作。采取正确的作业方法,将空载(空车)及等候时间减至最少。

(3)农机作业要善于提供主动服务。就是急客户之所急,想客户之所想,在为客户提供满意服务的基础上,主动提出设想和建议,而不是被动地、应付式地完成作业。如秸秆还田作业,如果土壤含水量过高,机械下地就会破坏土壤结构,为下一步作业环节带来困难。这种情况下,农机手就应主动向农户提出建议,暂缓作业,而到土壤条件适宜的地块作业。这些都是很人性化的服务,可以提高服务档次。在农机作业日趋市场化的今天,这一点越来越重要。

(4)加强学习,掌握各项作业标准和服务要求。农机作业是一项技术工作,对农机操作和农业生产的技术要求比较高,农机经营者和农机手应该不断学习农业技术基础知识和农业生产资料知识,提高驾驶操作技能;不断树立服务品牌意识,自觉依靠优质服务赢得用户信誉;树立法制意识,熟悉各类作业合同,适应农机作业的法制管理,维护自身权利,保障农户利益。

5. 流动修理

流动修理这种经营方式古来已有,像补锅、修剪子、磨菜刀等,人们并不陌生。时至今日,流动修理在农村市场仍比较广阔,下面就是通过从事流动维修服务致富的例子。

故事再现

开个流动维修车,三年起了一栋楼

随着经济社会的发展,在农村很多地方,自行车、摩托车渐渐成了不少农民的主要交通工具,手扶拖拉机、三轮车、小四轮和用于农地耕种、收割的小型农机具已是农民发家致富的好帮手。但是,在使用这些交通工具和农机时,难免会出现这样或那样的故障,大多数农民不会维修,也没有维修工具,出现故障时往往束手无策,不知如何处理。要是这时有人能及时提供维修服务,那将会是一件大受欢迎的好事。

懂一点机器维修技术的农民刘大华看到了这一商机,马上行动起来。他把家里的三轮摩托车稍加改装,变成了"流动维修服务车",在车上准备了一些维修工具和零件,开始干起了流动维修的行当。为了招揽生意,他在车厢两边挂了牌子,把"补胎、机动车维修、农机维修"等服务项目写在上面,还在一些路边的墙壁上刷上了广告,把自家的电话号码、手机号码留在了广告上,以便客户需要时,随时与他联系。只要一个电话,他的"流动维修服务车"就会及时赶到维修地点。由于刘大华服务态度好,价格公道,技术熟练,大家都非常乐意找他维修,很快他

的名声就传开了,生意也非常好。特别到了农忙的时候,他更是要起早贪黑,忙得水都顾不上喝一口。同时,他也获得了较好的经济收入,不到三年时间,他家就起了一栋小洋楼。雄心勃勃的刘大华还计划在本地招几个懂维修的技术人员,将"流动维修服务车"扩大成"流动维修服务队"。他满怀信心:"现在农村的日子越来越好过了,农业机械化程度越来越高了,我的流动维修服务队一定会取得好的收益。"

故事分析

　　流动维修在今天的农村有着广阔的前景。一方面,绝大多数农民都是勤俭节约的,家中有毛病的日用品并非都是没有使用价值的,经过修复,就可以起死回生,派上用场。而电器、交通工具、机械设备对农民来说更是十分值钱的东西,不到无法修理、完全报废时,是舍不得丢弃的。另一方面,随着农民生活的改善、观念的转变,方便、快捷的服务越来越受到欢迎,而大多数农民不懂维修技术,特别是很多现代化的设备不会维修和保养,农村固定维修点数量又不多,往往离家比较远,难以做到及时,所以像刘大华这样的一个电话就可以上门提供修理服务的往往很受欢迎。因此,在市场经济中,各行各业的经营方式已出现了多样化,有一技之长的手艺人或想学门手艺创业发展的人,只要开动脑筋,适应市场的需求,多在服务方式与服务质量上下功夫,就可以获得好的收益。农村可以从事的流动修理种类主要有厨卫用品维修、刀器具维修、电器维修、补桶盆、非机动车维修、机动车维修、农机具维修、手机维修、钟表维修、家具维修、鞋帽服装修补、开锁和配钥匙等。

实用妙招

农村流动修理业经营四注意

　　(1)选好从事哪种修理业务。农村流动修理的种类有很多,在决定从事流动修理服务工作之前,要认真分析本地的市场需求,选准哪些是农民最需要的。

　　(2)认真学好技术。修理是个技术活,要求从事这个行当的人有一技之长,懂修理的农民在从事这个行当前要加强锻炼,提高操作水平,没有技术的农民在选好修理业务后,也可以通过学习掌握这种修理技术。流动修理讲究效率,要求技术精湛。毛手毛脚,不懂装懂糊弄人,是做不好这种活的。

(3)有良好的服务。农村的信息很多是靠耳闻口传的,让大家认可的服务态度、服务水平比较容易传播开来。这就要求从事流动维修的人要在服务质量上下功夫,比如要态度诚恳,遵守信用,行动快捷,举止文明礼貌,不斤斤计较等。

(4)会主动宣传。从事流动维修行当非常重要的一点就是要会推销自己,像刘大华那样的在车上、墙壁上打广告进行宣传不失为一个好的办法。还可以通过设计有特色的广告语、外表形象、名片来吸引别人的注意,也可以将有需求的顾客登记好,建立档案,进行定期问候。总之,就是要利用多种渠道宣传自己的服务,让大家了解你的服务。

6. 废品回收

近年来,随着农村生活水平的提高,平时生活中所废弃的垃圾中增加了许多可以回收利用的资源。这些资源往往被当成一般垃圾处理掉,在不少村庄甚至被随意丢弃到路边、水塘、村头,不仅造成了资源浪费,而且也污染了周围的环境。如果能够抓住这个机会,在农村进行废品回收和处理,也会是一个有"钱途"的行业。

废品中拣出真金

河北灵寿农民黄三河是一名很普通的农民,但不普通的是在当地他干废品回收这一行有20多年了。这个看上去并不起眼的活儿,却改善了他一家人的生活状况,让全他家过上了幸福生活。

1985年,他在同村伙伴的鼓动下,便开始走街串巷回收废品。第一次出门是利用冬闲,他骑着家里那辆破旧的自行车,吆喝一天下来,只收到了几斤破棉絮和几双破布鞋。当他送到收购点上时,赚了5角多钱,虽然钱很少,但见到现钱了,他心里仍然是很高兴。

时间一长,他经验多了,生意也好起来了,除了一些破旧衣、鞋帽,还能回收到一些废纸箱和一些旧的书、本子、旧报纸等,每天能赚到五六元钱,这可比种地强多了,他干得更来劲了。后来随着每天收到的废品不断增多,他的收入就更多了。手里有点资本后,他又专门花6000元钱买回来一辆机动三轮车,将废品回收的范围扩大到县城,有时候他还到省城转一圈。这时除了废纸箱、旧棉絮、啤酒瓶等常见的废品外,他还能收到旧自行车、旧电视机、旧冰箱、旧洗衣机等城市人更新换代淘汰下来的"超级废品"。靠废品回收他年收入达到了三四万元钱。

如今,有了更多本钱的他,在家中建起了一个废品回收站,买了一辆农用汽车。从此后,他不仅自己出门收废品,还回收其他人交来的废品,等这些废品积攒得多了,他就分门别类,交到省会边上大型的废品回收企业去,收入自然更加丰厚了。他就是从一辆旧自行车起步,进入废品回收行业,靠自己的不断努力,在废品回收这个资源循环利用的链条上实现发家致富的。

■ **故事分析**

废品回收行业的门槛十分低,入门时可以说基本不需要什么投资,而且也不需要什么专业的技术。但是,如果你不只是混口饭吃,想在这个行业中做大做强的话,就不是那么容易了。许多身价百万元以上的"破烂王",不仅有着勤劳的性格,还有着灵活的头脑,有的还有着很丰富的经验和专门知识。可以说,靠一辆脚踏三轮车就可以从事废品回收,也能让你有一日三餐。但是如果你总是只靠这辆三轮车从事废品回收,那么你就永远不可能发家致富。

■ **实用妙招**

别小瞧废品回收这个行业

(1)废品回收是个永远不会消失的行业。只要有人生活生产,就会有生产或者生活的废品产生,这些废品当中就一定有可再生利用的资源。加之随着经济和社会的发展,资源的再生利用也越来越受到重视,废品回收行业对从业者需求就会越来越多。更重要的是,废品回收链利润也很高,行情好的话,一个小小的饮料瓶收购回来再卖给废品回收站,可以赚50%的差价。而那些电器、机械等大件废品则可以整件回收、拆零卖出,利润空间更是可观。所以说,废品回收行业不但是个永远不会消失的行业,也是个前景不错的行业。

第三章 走村串巷觅商机

(2)从事废品回收要遵守有关的法律和规定。一是要办理好工商登记手续。根据国家商务部出台的《再生资源回收管理办法》,以及地方政府或者部门的一些规定,对再生资源回收(废品回收)的经营者及从业人员尤其是设立收购站的,必须符合工商行政管理登记条件,领取营业执照后,方可从事经营活动。二是在经营活动中发现有公安机关通报寻查的赃物或有赃物嫌疑的物品时,应当立即报告公安机关,不要为贪图利益收取,触犯法律。三是不要违法收购那些国家明令禁止收购的物品,如铁路器材、特种有色金属等,以免受到处罚。四是要注意保护周边环境,防止废品回收过程中的环境污染。

第四章
小店开在家门口

一、样样小店可赚钱

俗话说:"南北跑遍,莫如家门小店。"在旧时代开店当老板,那可是比种地或者给别人当跑堂要好得多的行业,今天则有人说"打工不如开小店"。在经济不景气、工作难找的大环境下,许多来城市打工的人,或者在农村的农民,也纷纷选择了在居民区或者自己的家门口开店创业,自己当老板,有些人还走上了致富之路。

■ 故事再现

一年赚十万的农村自助饭馆

刘平家在四川双流县郊区,高中毕业后学了厨师,25岁后一直在县城里一家饭馆做厨师。有一次,一位客人带着一只家养老母鸡来到饭店,说是老家的朋友捎来的,想借饭馆的炉灶,由他们自己按照家乡的做法把鸡炖一下。因为这位客人是饭店的常客,老板便让刘平腾出炉灶,给了一些调料,让客人自己把鸡做了。看到几个客人津津有味地吃着自己动手做的黄焖老母鸡,刘平突发了一个灵感,现代人吃饭越来越挑剔了,自己动手做出的饭菜可能更合个人口味,何不在自己家门口开一家田园自助小饭店。心动不如行动,在朋友的帮助下,他回到农村,把自家的房屋和菜园腾出来,从当地村民家中买来了一些鸡鸭,并与邻居们商量好,让大家提供自家种的蔬菜。一切准备就绪后,他的饭店正式开张了。一开始,先由部分免费体验者来现场体验,客人自己摘蔬菜、挖野菜,并现场点自

第四章 小店开在家门口

己想吃的家禽,由专门的厨师配合洗菜、配菜以及家禽的宰杀,然后客人自己动手,点火烹饪,很快便做出符合客人口味的美味佳肴。客人不仅在农村放松了心情,还吃到了自己亲手做的绿色食品,均满意而去。随着大家的口口相传,再加上亲朋好友的宣传,这种新颖的就餐方式迅速传播开来,刘平的生意越来越红火。开店当年,刘平就获纯利润10多万元。

故事分析

　　选择开店作为发展致富的途径,确实有着特殊的优势。小餐饮店、小超市、小食品店、小熟食店等较传统的小店和近些年新出现的两元店、小咖啡馆、小冰吧、小专卖店等新型小店,虽然看起来各不相同,但都有一些共同的特点和优势,主要集中在以下四个方面。一是进入门槛较低。开一个普通的小店,投资较低,也不需要太大的地盘。二是投资风险较小。因为投资小,即便赔了也有限,一般家庭能够承受得起,而且经营简单,日常消耗少,后续投入较少,投资回收比较快。三是经营形式灵活。小店可以独立经营,也可以合作创业;可以按传统的零售、送货上门等经营方式开店;也可以采取现在新兴起的多种经营形式。比如可以采用加盟连锁、便利店、特色专卖等形式,而且一旦经营效益不好或是发现了新的商机,还可以在最短的时间内以较低的代价改变经营方向或经营形式。四是市场优势明显。多数小店开在人员居住相对密集的地区,与普通大众离得较近,适合消费的人群相对较多;可以用较低廉的价格或个性化服务吸引顾客,容易形成稳定的客源;可以对市场需求做出最快的反应,减少市场变化带来的负面影响。

实用妙招

　　小店虽然有很多的特点和优势,但是也并非是只赚不赔的行业,这个行业也是有一定的风险的。正是因为小,门槛低、投入少,所以从事的人也就多,竞争也就比较激烈。如果你想开一个小店,可是与别人小店相比看不到什么优势,像这种既没有自己的独特商品,又没有独特的经营方式的小店,还是不要贸然投资,虽然投资少,但赔多赔少都是赔。

二、办好手续再向前

如果你经过多方的考察和充分的准备,决定了自己要开一个小店,而又不知道从何下手,要办理哪些相关的手续才能够合法经营,那么本节将以开一个实体店铺的手续办理一般流程为例,对有关的事项一一给予介绍。

(1)确定要开一个什么店。首先要搞清自己要开一个什么店,这个店主要经营什么,大概要投入多少钱,采取什么方式经营(是独立还是合伙,是直销还是加盟)等。

(2)选择小店的地址。选定地址后,就与房东协商,要求房东提供产权证明,然后自己和房东签订租定协议。一般这些租赁协议还需要经房屋租赁管理部门(多为房管局租赁所)进行合同登记,并交纳租赁管理费、印花税(业主承担)等,但有些地方也可以在办理营业执照后再行补办。

(3)关于前置审批。对于一些特殊的行业,或者经营某些商品的小店,在申请办理工商营业执照前,还要经有关部门审批。如小店要经营卷烟,就要到烟草局办理烟草专卖许可证;要经营鞭炮,就要到安全生产监督管理局办理经营许可证;开一家餐饮业、食品零售类的小店,就要先到食品卫生管理部门办理卫生许可证及房屋的消防批复等。至于哪些部门需要前置审批,一般在你咨询工商管理部门时,就可以知道。办理前置审批的部门较多,各部门具体的规定也各不相同,办理的流程也有所差别,具体可以到本地行政服务大厅或者审批部门咨询。下面以卫生许可证办理流程为例作一简介。

办理卫生许可证的一般流程是:到疾病预防控制中心(或卫生管理部门指定的机构)进行健康查体;查体合格后到行政服务大厅领取健康证;到卫生监督部门领取食品卫生许可证申请书;提供相关卫生资料;卫生监督员现场审查;现场审查合格后,申请单位持受理单到办证中心缴纳办证费用;凭从业人员健康证和缴费发票到办证中心办理卫生许可证。

(4)工商营业执照。到小店所在地辖区的工商管理所办理营业执照。办理时,提供店铺名称、经营范围、注册资金等信息,并要带上场所证明(租赁合同或房产证)、身份证(或户口簿)、照片、已经办好的前置审批有关手续、上家授权你加盟的证书(如果是加盟店)、已经填好的个体工商户设立登记申请书(也可当场填写)等材料。

(5)税务登记证办理。根据目前的规定,达到起征点的个体户照章纳税,没有达到起征点的个体户可以免税,免办税务登记证。不同的店铺要缴纳的税种也不同,如一般的餐饮、理发等服务业由地税局独管,达到起征点后只缴纳地税。具体的起征点每段时间的国家规定也不相同,各地在执行时也会有所不同。如果暂时达不到起征点,也可以在以后达到时再办理,具体可以到税务管理部门咨询。税务管理部门将根据店铺的营业和收入情况针对是否征税以及征收多少、如何缴纳等问题给出明确答复。

(6)其他事项。在城市或者一些小城镇开店铺,在经过以上部门审批后,可能还要接受城管、环保等有关部门的管理和审批,并办理相关的手续。由于各地规定不同,管理的力度也不同,所以,具体的事项会有所差别,不过一般办理完结以上手续就可以开始营业了。

三、选好类别是关键

开家小店是如今火热的创业途径,许多低成本的创业者选择了服装店、鞋帽屋、小吃馆等传统小店。这些传统的小店虽然市场成熟,但竞争也激烈,有的人通过抓住消费者的个性化需求,翻新花样赢得市场。而有的年轻创业族则把目光投向了时尚小店。于是,大街小巷冒出各式各样的时尚小店,如银饰坊、玩具店、魔术吧、魔贴店、香薰店等,十分吸引年轻人的眼球,生意也很兴隆。还有一些人则是加入连锁加盟的大军,利用连锁机构的整合优势,在商海中聚众淘金。那么这么多种类的小店到底哪种更好?哪种更适合你呢?

1. 传统小店创新发展

如今人们生活的城乡社区里,大超市、快餐店、美发中心等不断冒出来,许多传统小店由于先天不足,只能在"夹缝"中谋生存,开店、关门也成了民居小店的家常便饭。在这种形势下,传统小店还有没有优势?能不能生存下去?它们如何才能避免被淘汰呢?

故事再现

李国忠的小店生意经

山西永济的36岁农民李国忠,2003年起,在自己家的村子盘下了一间小百货店，经营日常百货和一些小食品类。但是因为村子已经有一些类似的小百货店，而且在村中央还有一家不小的小超市，所以生意也并不好做。李国忠接手这间小百货店后进行了一些修整，对一些货品进行了调整，但他知道这不会有太大的作用，要想生意好，首先就要有人气，人气旺了就好办。他自己是个好玩、喜欢热闹的人，所以，他又专门购买了几张桌子、一些凳子，还有麻将、象棋等娱乐工具，有意把这个经营场所变成附近居民的休闲场所。很快，他这儿就每天都有三四桌人，有打牌的、打麻将的，还有下棋、喝茶聊天的，一直到晚上很晚，人们才散去。因为热闹，不仅在这儿休闲、聊天的人经常买他的东西，那些顺便来看一看，落一下脚的人也经常顺便买点东西。虽然这些娱乐场所占用了地方，每天还要费事儿收拾一下，但生意却好了很多，他们村的几家小店里，就数他的生意最好了。可见传统小店如果思路对了，经营方式有新意，一样可以有好的收益。

故事分析

传统的小店，如小百货、茶叶店、水果店、粮油店、饮品店、蔬菜店、水果店、蛋糕店等，虽然生存空间变小了，但仍然有着自己独特的优势。一是仍然可以在广大的农村生存下去，毕竟这里的购买力有限，大型超市一时还无法进入。二是在已经有了大型超市的地方，传统小店仍然可以通过提供上门服务、拉长营业时间等方法改善经营，保持自己的优势。三是这些传统小店在城乡生活中扮演着极其重要的角色，它们为居民提供社交场所，是消息集散地，也深得居民的信赖，自然就有着很好的地缘和人缘优势。

实用妙招

传统小店有哪些可以选择

人们日常生活的衣、食、住、行都离不开小吃店、服装店、维修店等传统小店，这些也多是投资少、见效快的项目。可以在自己所居住的地方找一个交通便利处开一家小店，有几平方米左右的面积及二三万元成本就可以开张了。那么传统的小店都有哪些可以做呢？

（1）餐饮类小店。一般来说，可以选择的类型有小餐馆、烧烤店、茶叶店、水

第四章 小店开在家门口

果店、蔬菜店、蛋糕店、冷饮店、粮油店、零食店、烟酒专卖店等。这些店可以单一经营,也可以复合经营,如蛋糕店可以结合经营糖果、面包、蜂蜜、西饼等。

(2)服务类小店。可以选择裁缝店、擦鞋店、洗澡堂、洗衣店、送水店、幼儿园、电脑维修店、电动车修理店、手机维修店、摩托车修理店、电动车修理店、家电维修店、自行车修理店、废品回收站、水电维修店、诊所、足疗店、美容美发店、打字复印店等。

(3)服饰类小店。可以选择服装店、女装店、童装店、内衣店、毛线店、袜子店、鞋店、布鞋店、运动装店、皮具店、布艺店、饰品店、窗帘店、家居饰品店、母婴用品店、老年用品店等。

(4)日杂类小店。可以选择文具店、办公用品店、礼品店、电动车专卖店、灯具店、五金店、建材店、两元店、玻璃店、杂货店、油漆店、玩具店、书店、音像店、花店、喜庆用品店等。

2.连锁小店稳健经营

目前各类加盟连锁经营的小店已经成为一个投资的热门,许多行业也都出现了连锁加盟机构。选择一个连锁机构加盟开小店,能够减少投资风险、提高小店经营效益,已成为不少人的共识。那么都有哪些类型的连锁小店可以试一试呢?

(1)餐饮类。连锁经营模式十几年前开始在中国餐饮行业中大规模应用,目前市场上有国外、国内两大类餐饮类连锁机构。国外的如肯德基、必胜客、麦当劳等,但这些机构连锁加盟的门槛很高,普通的农民朋友则很难有实力去经营,故不在此推荐。国内的大型连锁加盟机构则有德庄、东来顺、永和大王、小肥羊、小尾羊、马兰拉面、秦妈、大娘水饺等全国性餐饮连锁企业,但加盟这些企业的要求也比较高,对于刚从事餐饮行业的农民朋友也不推荐进入。相对来说,中小型的餐饮连锁企业因为投资较少、风险小、门槛低,则是刚开始创业的农民朋友的首选。在这些加盟机构中,可以选择餐馆,如快餐类、火锅类、烧烤类等连锁机构加盟,也可以选择各类特色小吃加盟,如果蔬养生豆腐、七彩豆腐、水果捞、带馅面条、鸭脖子、果冻屋、功能小吃车等。尤其是那些投资少、回报高、见效快的小项目,有兴趣的农民朋友可以试一试。

(2)服务类。服务类的连锁加盟机构也很多,在许多服务行业都有连锁加盟企业的存在。但是要想找到一个更适合自己的连锁加盟小店,则需要经过认真的考察和咨询后，再根据自己现有的条件进行选择。下面以电动自行车维护连锁店为例进行分析。

近年来，我国对能源使用及环境保护非常重视，电动自行车作为节能、环保的产品受到了广大消费者的青睐，无论是城市还是农村，电动自行车的消费量都非常大。随着电动自行车维修高峰的到来，专业电动自行车维修却没有与市场同步，城市的电动自行车维修店比较多，但农村的电动自行车专业维修店则比较少、分布散，专业维修人员十分缺乏，因此，在农村发展专业电动自行车维修服务网点很有前途。

电动自行车维修服务业的特点是投资小、回报高、市场潜力大。电动自行车与一般自行车的机械维修部分基本相同，但是，电动自行车的电器维修则有专业技术标准。因此，一般消费者无法自行诊断及修复故障。但是只要拥有专业的维修检测设备，维修操作也会变得非常简单与轻松。有些检测仪只需按一下按键，仪器内部的数字化检测模块就可将检测结果显示在仪器的液晶显示屏上。

开办电动自行车维修店并不需要很大的投资，电动自行车维修对经营面积的要求并不高，更不需要过多的装修。拥有8～20平方米就可以开办一家电动自行车维修店。如果是连锁经营，连锁机构会统一提供技术培训、产品零配件及相关的宣传服务，省了经营者很多麻烦。由于是连锁经营，也比较容易得到顾客的青睐，只要服务周到、价格合理，盈利将会比较可观。

（3）服饰类。服饰类连锁加盟也是近年来比较火热的项目之一，由于这类店铺普遍采取统一供货、统一经营、统一装修风格、统一价格等，对连锁的店铺来说，在经营方式、商品调换、广告宣传、降低风险等方面有着一定的优势。所以，除了一些初期的创业者选择投资较少的连锁类企业加盟外，许多有经验的服饰经营者也放弃原来的经营方式，转而投身那些投资较大的连锁类加盟企业。一般来说，连锁服饰企业为加盟的经营者提供一系列的支持，如提供广告支持，在媒体进行定期的广告宣传，提供大型POP及单页广告宣传单；免费为连锁加盟商提供不定期的管理培训、销售技巧培训、产品知识培训等，有的还免费提供装修设计；给予加盟的经营者一定区域内的独家经营权利，从而排除了因同样的服饰店多而产生的恶意竞争和市场无序状况。企业一般会要求服饰店实行"统一店面设计""统一经营模式"和"统一零售价格"，并实行灵活的退货换货及退款制度，从而降低了经营者因产品问题而产生的经营风险。而企业也会向加盟者收取一定的加盟费用及保证金。服饰店的竞争十分激烈，农民朋友在开办服饰类加盟店时,必须要认真考察,货比三家,做到价有所值;在签订加盟合同时,应进行平等协商,不能一味迁就企业,要注意保障自身的权益。

(4)日杂类。日杂类的连锁加盟机构也很多,可供农村及小城镇选择的连锁型小店主要集中在投资少、营业面积小、经营相对简单的一些行业,如书店、音像店、花店、礼品店、玩具店、喜庆用品店等。

3.特色小店突出个性

现在城市和乡村许多地方都出现了不少的特色小店,这些小店或者通过彰显自己的个性,在茫茫"店"海中以个性取胜;或者紧跟最新、最酷的社会时尚,在众多的小店中以时尚、前卫吸引了一大批年轻人,在时尚和流行中淘金。以特色小店为代表的"小店"已经不再是低价、呆板、落后的代名词,而是成为城乡市场中个性、时尚、品味的"领头羊"了。那么这些特色的小店有哪些适合在农村或者小城镇经营呢?下面分别介绍几种特色的小店供农民朋友参考。

(1)餐饮类。

①特色小吃。特色小吃是中国饮食不可缺少的一部分,并成为中国饮食生活的主要内容之一。每个地区都有着其独特的小吃,被称为当地的特色小吃。但这些小吃在当地因为从事的人多,反而没有更大的发展空间。于是许多商机意识较强的人,将这些异地的小吃搬到自己的家乡,或者原汁原味,或者稍加改造,打造成了本地的特色小吃,在众多本地的餐饮业内独树一帜,取得很高的投资回报。

②特色熟食店。随着人们生活水平的提高,生活节奏越来越快,以方便、快捷、美味为特点的熟食产品越来越多地贴近百姓的生活,色、香、味、形俱佳的熟食卤味产品尤其被人们所追捧和青睐。农民朋友可以选择加盟或者购买技术方式开小店,选择一家特色知名品牌的产品,交纳相关费用后,在老师指导下,先理论后实践,亲自动手操作。学到相关技术,从而保证与总部的口味一致,再借助已经成功的经验,克隆较先进的经营模式,将风险减少至最小。因为这些熟食均采用秘制配方精心制作,口味地道纯正,品种繁多,适应性强,所以熟食店的回头客经常是源源不断,经营自然火爆,投资者赚到钱也是自然的。

③酸奶吧。现在社会绿色天然饮食观念深入人心,而酸奶产品深受男女老少的喜爱,有着巨大的市场潜力和前景。现在一些城市和城郊、农村推出的手工酸奶现做现卖式销售方式,颠覆了酸奶的传统售卖方式。手工酸奶经过天然发

酵，完全区别于工业化生产的酸奶，属于天然、营养、新鲜的功能性健康食品，吸引了许多顾客。有的顾客还可以根据自己的喜爱和口味，加入香蕉、草莓、菠萝、苹果等新鲜水果以及各种保健益生菌调制出最符合消费者口味的花色酸奶。这种小店为顾客提供全新感觉的同时，也会给投资者带来丰厚的回报。

(2)服务类。

①"无水洗车"店。现在农村的各种机动车尤其是汽车、摩托车多起来，在小镇或者城郊开一家"无水洗车"店，也是不错的选择。这个行业采用一种叫作"无水洗车净"的专利技术，其产品配方由多种新型表面活性剂、浮化剂及悬浮剂等漆面保护成分组成。产品中的悬浮剂能有效地将尘土吸附在擦车布上，不但可以避免划伤车漆，而且能把汽车清洁得更为彻底，光洁效果更好。无水洗车的作业是在一喷一擦之间，就把洗车、打蜡、上光、养护等工序一次性全部完成。对经营者来说，既省水又省时省力；对于消费者来说，效果好且价格便宜。所以，无水洗车的作业方法在市场上很有竞争力。

②牙齿美容店。随着生活水平的日益提高，人们更加关注自己的身体健康和外在仪表形象，牙齿的健康与美观也被人们日益重视，这就为洗牙行业创造了商机。目前专业的洗牙店还为数不多，在农村更是少见。开一家洗牙店，有10平方米的门面即可，而且洗牙的技术并不十分复杂，只要经过短期培训即可掌握。购买一台超声波洁牙机，采用相应的技术，不需要任何药物，就可以在不知不觉中清洗掉客户牙齿上的黑黄烟垢、茶渍、牙结石及菌斑。即使是多年形成的黑斑牙、黄褐牙、菌斑牙等，经过洁牙机清洗，也会使牙齿重现洁白健康、亮丽的风采，而且对牙齿和口腔可以起到很好的保健作用。

(3)服饰类。服饰类特色店在城市相对较多，这些特色店往往是个性、时尚、前卫的代名词。当前农村的年轻人很多到城市打工去了，因此在城郊结合部开一家类似的小店可能较好。但农村同样也有很多的特色服饰店供农民朋友选择，诸如孕婴服饰用品店、牛仔服饰店、运动服饰店、特体服装店、情侣服饰店、特价服装店、返季服装店等。

①边做边卖服装店。现在一些城乡出现了一种特色的服装店，这种小店里不仅卖时装，还有个特色营业项目，即定做服装。这不是简单的加工，因为店里摆放了许多时装杂志，慕名而来的年轻人在这里翻开杂志，找到自己喜欢的款式，或拿着自己找来的杂志上的服装图片定做，或请店里的师傅为她们设计，甚至有一些年轻人拿着自己亲手设计的样板来做，交给老板后，几天就能得到一件

漂亮的新衣。在这里定做的衣服,不仅更合身,而且能花最少的钱买到自己喜欢的名牌服装款式,自然就能吸引一大批城乡的年轻人。

②特价服装店。农村市场不同于城市市场,无论是发达程度,还是消费水平,都有较大的差距。在农村市场卖衣服,价位是关键,对服装的质量要求不像城里人那么高。如果能有价格比城里的品牌衣服便宜些,质量又比集贸市场上的衣服好些的衣服,肯定许多人都爱买。在城市里,每天不知道有多少服装店因为亏损或租店合同到期而改行,再加上换季的原因,几乎随处可看到"血本甩卖""跳楼清仓""换季处理"等大招牌,于是一些人将这些处理或打折的服装成批地买下来,或者依靠收购一些库存服装,再卖到农村市场,就出现了农村小城镇上专门卖特价服装的小店。在较大的城镇,有的则是专门做品牌折扣店,同样也有不错的收益。

(4) 日杂类。在农村,日杂类的小店也很多,但是要开出特色却不那么容易,因为好多的日杂类小店都是采用比较传统的经营方式,自己创新的空间并不是太大。激烈的市场竞争中,忌讳一哄而起,讲究的是独辟蹊径,敢于开拓,创出个性与特色。农村的日杂类特色小店可以考虑特价小商品店、精美饰品店、特色礼品店、旧书店等。

4. 网络小店追赶潮流

在今天这个信息时代,在互联网上做生意已经成为一种潮流,网上可以提供从鲜花、书籍到计算机、汽车等各种消费商品和服务,这种新型商业模式的出现,使人们足不出户,就可以购买商品或享受服务。对于经营者来说,可以找到更广阔的市场,节省店铺开支,大大降低商品流通和交易的成本。随着农村信息化步伐的加快,现在越来越多的现代农民也开始跟上时代步伐,学会在网上寻求商机,尝试在网上开家店铺做买卖。

网店的交易商品五花八门,可以说,现在商店里能买到的,网店一般都能够买到,包括农产品。那么农民朋友怎样开个自己的网上店铺呢?在网上开店之前,你需要想好自己要开一家什么样的店。开网店与传统的店铺没有区别,寻找好的市场、自己的商品有竞争力才是成功的基石。比如,你想卖农产品,如果仅仅是卖一般的青菜、萝卜,在网上开店的意义不大,因为这类农产品太过于常见,也不易保存。经营特色水果、特色加工农产品等就比较好,生意往往红火。

在网上开店铺,首先要找到一个开店铺的地方,现在这类网络平台有很多,很多都是免费开店铺。下面以"淘宝网"为例介绍在网上免费开店的流程。

(1)注册会员。免费注册淘宝网会员很简单,你首先需要在注册页面里填写用户名,可以是中文名字,设置密码,还有用来确认开通会员账号用的电子邮箱,电子邮箱可以到新浪、网易等网站里免费申请一个。当你的注册信息填写完毕后,淘宝网会给你回复一个电子邮件。登录你的邮箱,按照淘宝网的提示回复一个确认信息,那么你的淘宝会员就算注册成功了。

(2)申请支付宝。支付宝是淘宝网安全网络交易的核心保障。支付宝作为诚信中立的第三方机构,可以充分保障货、款安全及买卖双方的利益,交易过程中无后顾之忧。申请支付宝必须有一张可以在网上支付的银行卡,因此,你必须先去银行申请一张可以在网上交易的银行卡。所以你会有两个账户,一个是淘宝网给你的支付宝账户,还有一个就是与支付宝账户捆绑的银行账户;你的支付宝账户里的钱是需要从银行卡里转进去的,也可以转回来,你的钱可以存在支付宝账户里,也可以存在银行账户里。由于网络实名制的实施,在淘宝网开店要进行支付宝个人实名认证,包括三个部分,分别为填写个人信息、身份证件核实和银行账户核实。每个部分在提交后,都要经过淘宝网审核,通过后才能开店。

(3)发布商品信息。注册成淘宝网会员并开通账号,然后申请支付宝,并通过认证,就可以发布商品开店了。你需要把每件农产品的名称、产地、性质、外观、数量、交易价格、交易方式、交易时限等信息填写在网站上,搭配好图片。名称应尽量全面,突出优点,让别人能方便地搜索到。为了增加吸引力,图片的质量应尽量好一些,说明也应尽量详细,同时你要详细填写自己店铺所提供商品的分类,以便让购买者可以准确地找到你。然后你需要为自己的店铺起个醒目的名字,吸引别人的注意,增加对店铺的关注。

(4)营销推广。为了提升自己店铺的人气,在开店初期,应适当地进行营销推广,但只限于网络上是不够的,要网上网下多种渠道一起推广。例如购买网站流量大的页面上的"热门商品推荐"的位置,将商品分类列表上的商品名称加粗、增加图片,以吸引眼球。也可以利用不花钱的广告,比如与其他店铺和网站交换链接。

(5)交易服务。顾客在决定是否购买你的商品的时候,很可能需要很多你没有提供的信息,他们随时会在网上提出疑问,你应及时并耐心地回复。为了共同建设信用环境,如果交易满意,最好给予对方好评,并且通过良好的服务获取对方的好评。如果对方投诉,应诚恳处理,以免为自己的信用留下污点。

四、经营之道放在先

开小店已经成为一种时尚,各种各样的小店到处可见,可是为什么有的人小店开得有模有样,一个月能赚很多钱,而有的人的小店却开得冷冷清清,基本上每个月都在赔钱呢?很多想开小店和开了小店却不成功的店主都在思考这些问题。那么如何能开家有模有样、赚钱的小店呢?

1.选择熟悉的行业

无论开哪种形式的小店,最好选择一个自己较为熟悉的行业。因为如果你选择了与自己过去工作经历、所学内容或生活背景有关联性的行业,就在知识和能力上有一定的优势。一方面,因为自己比较熟悉该行业的"行情",可以减少投资失误、降低经营风险;另一方面,小店贵在"灵活",因为行业熟、上手快,能尽快创造经济效益,还可以较快地创新,保持自己的优势。

2.有自己明确的定位

说直白一点,就要知道自己准备靠什么来赚钱。许多小店之所以失败,就在于开业前没有搞清自己能赚哪些人的钱,靠什么来赚钱,为什么能靠这个赚钱等。比如你开一家普通的小餐馆,就一定搞清楚这几个问题,你凭什么吸引顾客到你这里来,是地理位置、环境、饭菜风味、质量?还是品牌、服务、价格?你凭借的这些特长是不是真的比别人强?能不能坚持下去?有没有更多的竞争者?这些都是要考虑到的。如果说你想靠品牌优势,那么要进一步考虑自己创办独立品牌需要的资金投入、精力、时间等因素是否充足,选择成熟产品加盟,你的小店面是否会有更大的获利空间。

3.学会发挥和制造自己的优势

小店要想经营好,就要发挥自己固有的优势,如果没有优势,就要学会如何创造自己的优势。一是要发挥地理优势。如果你的地理位置好,就应当依靠当地的产业和当地特产。销售这样的产品不仅成本低,而且可以让更多的人觉得你的产品很正宗、很地道,值得信赖。对于店主来说,至少可以很容易找到供应商,以最低的价格销售。如果你没有一个好的地理位置,那么就要注意选择一个好的店址了。选择好位置必须考虑以下条件:人流量,包括平常、节假日及日夜来往人次比例,车流量、马路宽窄;了解区域特征,如是否存在竞争店、互补店、金融机构等;人口勘察,了解社区人口数量、消费习惯等;商圈勘察,主要及次要商圈范围、租金和价位;设备考察,如水、电、煤气、空调等。以上这些一个也不能少,考虑得越全面越好。二是要打扮好"自己的脸面",题一个好的店名。因为一个富有创意的店名,是小店的"名片";营造良好的小店环境,"店铺是脸面",店主的匠心巧思营造的店徽、招牌、外观装修、橱窗,再加上店面的色彩和照明等,是顾客在瞬间断定一家店铺形象所凭借的依据,更是吸引顾客驻足、进店的关键。

4. 勇于创新经营

店面不论大小,都要经营,经营得好与坏是小店能否获利的最根本条件。因此,你的小店要想赚到钱,就必须要善于经营,更要学会创新经营方式。在经营中要把握的要点有以下几个:一是小店要有价格刺激。小店在价格上要有自己的特点,要么就是价格低廉,要么虽然价格较高,但和商场、专卖店相比,同样价位的商品"含金量"高出很多,要么就是可以讨价还价,不确定的价格也会给顾客带来心理刺激,砍价的过程虽然也会让人头疼,但其间上上下下、起起落落的微妙感觉对有些人来说也是刺激无比。二是要经营之中多"算计"。好多小店的生意是算计出来的,通过从各个方面满足消费者的需求,继而从中赚取小本利润。如有的小店追求经营品种齐全,有的追求产品及时更新,有的追求特色时尚个性,有的则追求物美价廉,这样分别满足不同口味的消费者,也就分别赚到那一部分人的钱了。但无论怎样,保证产品的丰富多样和新品到货速度都是很重要的。三是小店服务要"步步跟随"。许多时候,同样的商品和价格,顾客再到你这里买的往往就是服务,所以小店服务要突出"步步跟随"的特点。注意商品要让顾客看得到,易接触到,即"眼易见,手易拿";店员的形象要好,如手指、服装要干净,和顾客打招呼不说外行话,及时给顾客讲解商品的知识,让消费者认识到是在帮助他,对方不买也不能有失望或不高兴的表情等。这里重要的一点是,对老顾客要表示感谢,要通过种种渠道增加小店对新老顾客特别是老顾客的亲和力,抓住老顾客对商店来说意味着不断提高的回头率。四是要学会抢占市场先机。虽然是小店,但是也不能随波逐流,要根据产品潮流的变化把握潮流占据主动。还要学会经常做市场调研和分析,力争找大店所没有的产品来做,也可以在产品质量有保障的情况下,利用中、小企业的价格不透明的商品而获取更高的利润。只要胆子足够大,动作足够快,抢占了市场先机,在大店林立的地方,赚到钱也是没问题的。

5.防止风险损失

每个创业项目都有风险,在小店的准备和经营过程中,如果你不能学会评判自己面临的风险和及时防止风险损失,那么你的小店就很可能因为一次风险损失,在一夜之间关门大吉了。因此,要保障自己的小店顺利生存下去,必要的风险评估防范是要时刻牢记在心的。一是防止欺诈,无论在小店的租房还是在装修阶段,都要防止受到欺诈,增加不必要的损失。防止欺诈有两个重点,一个重点是在进销货环节,如因为对供货商的轻信而出现的货款被骗、以次充好,或者因为轻信买家而出现销售的商品被骗,血本无归;另一个重点是防止连锁加盟中的欺骗,如假特许真卖设备、宣传夸大投资回报、合同陷阱等,一旦在这个环节受到欺骗,那么你就只能认赔了。二是防止不理智的投资,一些人或是对自己的资产情况和承受力不清楚,却又过于贪婪高收益而忘记了伴随的高风险,或是越亏损越不甘心,越是不惜代价想扳本,结果赔得一塌糊涂。三是防止意外事故,在经营过程中要时刻牢记安全第一,不仅要防止因员工的各种误操作而导致的事故,还要防止火灾、漏电、被盗等意外的发生,因为这些意外一旦发生,往往可能会让你的小店面临灭顶之灾。

第五章
办个企业当老板

一、办企业名利双收

目前的乡镇企业可以简单概括为乡村区域内的小型企业，无论所有制和经营形式如何，均可以统称为"乡镇企业"。上世纪90年代以来，乡镇企业普遍进行了改制，原有乡办、村办集体企业大部分变为股份制、股份合作制、个体和私营企业，但乡镇企业仍然是农民就业和增收的主要渠道。到如今，随着宏观经济的变化和土地使用权市场、资本市场、劳动力市场等生产要素市场的发展，乡镇企业面临着新的机遇，尤其是乡镇企业与农村现代化、城镇化的互相促进作用越来越明显。

故事再现

肉食加工闯出致富路

58岁的刘大福是云南省一位普通农民，从事农副产品销售多年。2008年，刘大福因一个偶然的机会与当地镇党委书记陈书记相识了，这一相识给他带来了福气。正为当地拥有丰富生猪资源，却难以销售而犯愁的陈书记，看中了刘大福的销售经验与老实为人，极力推荐刘大福尝试畜牧产品加工。在陈书记的帮助下，刘大福抱着试试看的心理，向乡信用社贷款5万元，把自家房屋改造成厂房，干起了火腿加工。当年冬天，他向当地农户收购生猪腌制火腿1000多只，并在陈书记的帮助下，销售到了县城及周边乡镇。没想到，由于当地生猪完全由粮食及蔬菜饲养，具有肉质鲜嫩、香味浓郁的特点，加之体型相对较小，每只火腿仅

第五章 办个企业当老板

七八千克,方便保存和携带,因此很快就销售一空。当年,刘大福获利 2 万多元。此后两年,他继续向乡农村信用合作社贷款,扩大生产规模,陆续建起了加工基地和仓库,研究掌握了火腿腌制新技术。他腌制的火腿虽然比市场上普通火腿每千克高出 3~4 元,但仍然供不应求。2011 年,他向农户收购生猪 1000 余头,腌制火腿达 19 吨,在 2012 年春节前夕就销售一空,许多客商靠预订才能买到火腿。目前,刘大福的加工厂不仅吸纳了本地 50 多位村民就业,而且带活了本镇的养殖业,仅火腿一项,加工厂年收入就有 400 多万元。

■ 故事分析

随着农村消费水平的不断提高,人们对各类产品的需求也不断扩大,利用农村的资源,抓住农村的消费需求,开办一个乡镇企业,不失为一条走向致富之路的捷径。在农村开办企业,还可以带动农村经济的发展,增加农民的就业岗位和收入,像刘大福一样,不仅自己赚了钱,还带动了本地经济的发展,可谓名利双收。

■ 实用妙招

乡镇企业的特点与经营条件

(1)乡镇企业有较强的地方性。从乡镇企业的发展过程与分布来看,各地的乡镇企业都有着浓厚的地方性,它们与周围农村联系密切,便于利用本地各种资源的优势而获得较大的发展空间。不同区位、不同历史传统和自然资源条件下的乡镇企业发展,只能从本地的具体情况出发,走自己的路。

(2)乡镇企业发展形式多样。乡镇企业的前身是人民公社时期的社队企业,如小钢铁、小煤窑、小水电、小化肥、小机械修造等地方"五小"工业,以及手工业、农副产品粗加工小厂等,其经营范围广泛,几乎涉及各行各业,而且经过改制,其所有制也包括了个体、私营、集体、合伙、合作、股份等多种形式。

(3)乡镇企业经营有较强的灵活性。乡镇企业的产供销活动主要靠市场调节,而且其用工大都实行亦工亦农的劳动制度和灵活多样的分配制度,其经营形式既可以采取"产供销一条龙"较独立的企业形式,也可以采取"前店后厂"的企业形式,还可以采取"来料加工"为主的企业形式,即为其他企业加工产品、收取加工费,加之投资规模相对较小,因而能比较灵活地适应市场需求的不断变化。

(4)乡镇企业能吸纳大量劳动力。目前存在的新创办的乡镇企业,除投资规模较小以外,另一个较明显的特点是大多数为劳动密集型的经济组织,技术、设备和管理相对比较简陋,劳动生产率一般都比较低,但是却能容纳大量的农村剩余劳动力,因而是农村经济发展过程中创造就业机会、吸纳劳动力的真正主角。

二、选对路八方来财

以前人们常说"买卖不养当地人",说的就是在本地做生意因为市场竞争、人情世故等因素,在经营过程中不容易把握,往往出现经营中看得宽了不挣钱,成了赔本赚吆喝;看得窄了虽然挣点钱,但受乡邻责诟,生意最终又难做长久,最后是赔钱又得罪人,所以很多人对在本地做生意存有一些疑虑。但这是以前在传统自给自足的农耕社会中的现象,在现实的市场经济条件下,人们的思想观念已经发生了巨大的变化,在自己的家乡,在本地做生意反而有着比在外地更多的优势。

1. 靠山吃山的企业

俗话说"靠山吃山、靠水吃水",乡村原生态的靠山吃山、靠水吃水,无非是开荒伐木、采矿挖沙、捕鱼捉虾之类,以维系生计,但是改革开放以来,我国乡村中最早的乡镇企业却大部分都是这种依靠本地资源优势发展起来的。发展这类的乡镇企业具有区位优势明显、资源优势独特、投资成本低、发展前景好的特点,现今这种类型的乡镇企业仍然可以有比较大的发展空间。

■ **故事再现**

靠山吃山,以德求利

山东莱州市彭广波于1992年创立的莱州市山德利石材有限公司,是典型的"靠山吃山"型乡镇企业,由最早的小乡镇企业发展成为现在的集石材开发、加工、销售、设计、安装为一体的专业公司,在全国各大城市有销售网点20多处,国内外许多著名工程都曾选用过该公司的产品,获得了许多荣誉。

第五章　办个企业当老板

彭广波20岁那年就承办一个20亩地的养鸡厂,后来他抓住石材业的黄金时期,转行成立了"山德利公司",依靠几座矿山,逐步发展壮大。矿山是石材业的"粮食",但它并不是取之不尽、用之不竭的。在发展的过程中,彭广波十分重视规划设计,采用先进的开采工艺、开采技术、开采方法和开采设备,不断提高开采的科学性,提高经济效益、环境保护和资源的合理运用。

山德利公司不断壮大的另一个因素是诚信。"以德经商,先义后利",是山德利公司的经营宗旨,也是彭广波做人的准则。在承接工程后,山德利公司并不是把石材运出去就万事大吉,还对其进行长期的跟踪服务,所以,能得到客户的信任和市场的认可。彭广波说,大凡成功的企业、百年企业,都是富有社会责任感的企业。所以,长期来讲,诚信对他人有利,而最终对企业自身更为有利,能对企业产生长远的影响。

■ 故事分析

"靠山吃山"是一个独特的优势,不过要记住,只是靠山吃山是没有前途的,靠山吃山、靠水吃水的资源发展型路子也不会走太远。应像上面的山德利公司一样,企业要发展、要壮大,不仅要"靠山",还要"靠创新、靠诚信、靠环保、靠护山"。相反,靠"破坏生态、污染环境"来求眼前的小利,不仅自己的企业会朝不保夕,而且会贻害子孙后代。

■ 实用妙招

"靠山吃山"型企业简介

(1)矿产开采加工类企业。如果当地有各类的矿产,如石材、沙矿、铁矿等,那么你可以在国家法律允许的范围内开办相关的开采企业,也可以开办相关的原料加工或者废料处理类企业,还可以开办与开采企业相关的成品再加工企业,甚至可以开办与当地生态环保有关的企业。

(2)自然资源加工型企业。这种企业目前也比较多,各地有各地的经验和特色,如盛产竹子的地方开展各种竹产品的加工、营销,盛产中药材的地方开展各种中药材的种植和加工营销等。但要注意的是,这种类型的企业最主要的是要有创新意识,要通过"走出去、请进来"等方式,不断地寻找新的深加工、精加工方法和开发新的产品,只有这样才能长久地发展下去。

(3)利用生态资源型企业。这类企业可以充分利用本地的生态资源,如山林、山水、人文、风景等,开办一些生态旅游、农家庄园、天然餐饮等企业。因为这类企业具有环保、生态、绿色等特点,不仅受到广大城乡群众的欢迎,而且也得到国家和当地政府的政策支持,是当前乡村企业发展的一个前景广阔的产业。

2. 父老乡亲的企业

大部分的乡镇企业在初创时期都有一个特点,就是企业的职工和管理人员都是本地"离土不离乡"的父老乡亲,这些企业为本地的父老乡亲提供了新的增收途径,而本地父老乡亲又为企业提供了稳定、廉价的劳动力,同时,由于天然的地缘人缘关系,二者之间的相互信任程度和合作效率也要远远高于一般的企业。

故事再现

创业靠乡亲,共同来致富

江苏洪泽县的李文梅,虽是农家女出身,但她不安于日出而作、日落而息的生活。与丈夫一起在扬州一家玩具厂打了几年工后,李文梅认识到,仅靠打工收入是远不能致富的。于是他们辞去了工作,回乡创业。凭借以前在玩具厂打工的经验,李文梅和丈夫开始了他们的创业历程,首先他们找到了村支部书记,要求租赁村里闲置的空房子作为厂房,并向亲朋好友借款,自筹资金办起了全镇第一家"白马湖玩具厂"。刚建厂时,问题不断,迫切的问题就是招工,当时村里的剩余劳动力多向苏南等地转移,一时很难招收到熟练的缝纫工。为了解决招工难的问题,李文梅和丈夫陈祥生就利用春节务工人员返乡这个机会,上门动员本地的务工人员,在他们的多次努力下,厂子招收了20名熟练缝纫女工。厂子主要是承接来料加工的订单,生产软性毛绒玩具。几年来,李文梅不断地扩大再生产,不断改进生产技术和工艺,生产规模不断扩大,厂子越办越红火。厂子的职工由当初刚建厂的20多人发展到70多人,这些人大多是本地的留守妇女。随着厂子的效益越来越好,这些乡亲的收入也水涨船高。李文梅尝到了创业成功的喜悦后,还鼓励丈夫陈祥生参与村务,带领村里人积极创业,共同致富。在他

第五章　办个企业当老板

们的帮助下,镇上又办了两家玩具厂。

■ **故事分析**

乡镇企业的创办者或者经营者基本上都是本地人,而这些企业在一开始最艰难的发展过程中,更多的是依赖本地的父老乡亲。因为企业中的父老乡亲对企业经营者信任,往往对报酬的标准和发放时限不大计较,对企业的生产也比较负责任,这是许多乡镇企业迅速积累原始资金、快速发展壮大的一个重要原因。

■ **实用妙招**

农村现在还有很多闲置或者半闲置的劳动力,这些人多为农村的家庭妇女或者半工半农的农民,他们一般对工作的要求就是离土不离乡或者只利用农闲时间来打一些短工,对报酬的要求与城市或者外出打工的农民相比要少得多,而现在市场上各种手工制品却日益畅销。因此,利用乡村的这种劳动力来创办手工加工类企业肯定具有巨大的优势,如开展手工编织、刺绣、做饰品、纺粗布、农产品精加工、加工部分小配件等,都是可以选择的好行业。

3.鸟枪换炮的企业

乡镇企业从一开始就是千军万马搞联络、千家万户办企业,很快形成"村村点火,户户冒烟"的局面。所以一提起乡镇企业,在一些人的印象当中就是技术落后、设备简陋、人员散乱的代名词。确实,那是乡镇企业在上世纪80年代初创时期的一个特征,但现在的乡镇企业经过市场与国家产业政策的逐步调整,不仅淘汰了一些生产力落后、严重影响生态环境的小煤矿、小冶金等落后企业,还涌现出生物工程、食品饮料、汽车配件、电子机械、新型建材、新医药、服装等一大批新兴产业,可谓"鸟枪换炮"了。

故事再现

"改"出来的彩印厂

　　河南新乡的李玉良最早是一个乡镇企业印刷厂的普通合同制工人,1993年企业不景气时,他辞职做起了印刷,一开始只是靠跑一点简单的业务,从中获取报酬。等有了一点积累以后,1995年,他买了一台旧的印刷机开起了小厂。虽然一开始挣到了不少的钱,可是随着图书市场的不景气和国家对这类小厂的限制和取缔,他感到必须要改一改,但对于往哪改他真的没主意。

　　他在一次和同行的交流中发现,各种彩印包装的市场需求很大,但是这种企业投资也大,要求的技术也高,风险自然也大。不过他想到的是本县原来的那个集体印刷企业已经停产一年多了,是不是可以利用这家企业办一个彩印厂?他回去与这家企业所在的乡镇政府商谈,处于停产状态的企业当然很愿意合作,经过商谈,他们实行股份合作制,企业以土地、厂房、旧的设备作价49万元,占49%的股份,附加条件是李玉良要接收原有的职工,而李玉良则出资51万元,占51%的股份,恢复企业生产。合作后,李玉良引进了先进的彩印设备,专门聘请了2位技术人员,培训了20多名技术工人,彩印厂正式开始了生产。由于市场需求大,彩印厂很快就打开了本地和邻县的市场,企业越做越大。

　　取得一定成绩的李玉良并不满足,他认为企业发展最重要的就是要创新,引进新技术,开发新产品,吸收科技人才,只有这样企业才能长久生存下去。所以近年来,他几乎每年都在引进人才,研发新产品。现在他生产的产品不仅占领了本地的大部分市场,而且在省内和省外也有一定的知名度,最主要的是他的产品质量总是在同行中居于领先地位。

故事分析

　　许多乡镇企业在草创起步阶段,基础薄弱,创业者多采取就地取材、就地加工、就地销售的办法,依靠自有资金、旧有设备、廉价劳力来发展。随着农村经济和社会的发展,这种路子如果不改变,自然就走不下去,更谈不上发展壮大。而乡镇企业的改革即所谓"鸟枪换炮"的过程则是一个"从量变到质变的化学过程",从最早的"换设备、换经营方式"初步阶段到后来的"上管理、上技术、上质

第五章 办个企业当老板

量、上水平"发展阶段,再到如今的"建集团、创名牌、创外汇"提高阶段,都是对乡镇企业如何发展壮大最好的诠释。

■ **实用妙招**

"鸟枪换炮"是乡镇企业创建或者扩大规模的好思路,这个"换"不仅仅是现在的乡镇企业经营者在自己的企业换,更主要的是如何通过"换",实现自己白手创业或者扩大企业规模。对那些破产改制的企业、经营不善的企业或已经倒闭的企业,无论其所有制的性质如何,都可以采取合作、股份、承包、买断等方式以较低的成本实现自己的创业理想,或者扩大自己现有的企业规模,再通过"鸟枪换炮"中的"换设备、换技术、换经营、换管理、换思路、换市场"等方法,改善企业经营状况,把企业做大做强。要做到这一点,必须记住的是,要有实力,还要有可行的想法。

4. 独辟蹊径的企业

近年来,随着农村经济的快速发展,乡村中原有的各种资源被大规模使用,自然资源和人力资源也变得越来越珍贵了。乡镇企业发展竞争越来越激烈,新创建乡镇企业所剩的空间似乎越来越有限。正是在这种情况下,一些新型农民朋友却利用自己的智慧,独辟蹊径地走了一条与传统创业方式不相同的道路,创办了一些与传统行业完全不同的企业,同时却取得了与传统行业相比并不差的收益。

■ **故事再现**

婚庆公司的"个性化消费"策略

河北邯郸的农民赵雄飞从小喜欢唱歌,连续三年报考音乐学院都失利后,一直在外面打工。2003年冬天,他回乡帮同学筹办婚礼,在婚礼上同学们让他给大家唱两首歌助兴,他放开喉咙高歌一曲,让在场的人全部兴奋了。半月后又有同学结婚,这次不仅请他唱歌,更是让他帮忙主持婚礼仪式。过后同学告诉他,现在农村很喜欢这种现代风格的婚礼主持人,尤其是在县城。说者无意听者有心,这一年的冬天,他到县城里面跑了 2 个月,哪里有婚礼他就到哪里去观察、学习。

2004 年冬天,他投资 2 万元,租了一个办公场所,购买了简单的办公设备,雇佣两个人,成立了一家婚庆公司。同时,他还和租车公司、花店等进行了业务合作。由于服务好,他的婚庆公司很快便有了起色。但在 2006 年,赵雄飞所在的县城一下子冒出了 3 个婚庆公司,赵雄飞的生意很快一落千丈。面对这个情况,他想到了"个性化消费"的策略。2007 年他开始创新,首先推出了复古婚礼,用花轿代替汽车接送新人,改造和采用一系列的古代礼俗,紧接着他又引进了更为时尚的公益性的集体婚礼、烛光婚礼、旅游婚礼以及仿西方婚礼等婚礼方式。不仅如此,他又通过开展预订婚宴、拍婚纱照、通知亲朋等婚庆中的各种服务,让自己的公司实现了婚庆服务一条龙。通过这些改进,赵雄飞公司的生意一下子好起来了,并很快发展成为县城婚庆公司中的"老大哥"。

■ 故事分析

据调查,未来一段时期,我国处于婚育年龄阶段的人数规模还很大,而且随着消费水平的不断提高,人们用在婚庆上的花费也在增加。婚庆服务已形成一个越来越大的市场,并牵动了婚纱影楼、美容美发、首饰礼品、饭店旅游、媒体广告等众多相关产业的发展。婚庆公司可大可小,一般婚庆公司的固定员工只有几个人,他们平常的工作内容都以联系业务为主,而有些公司通常拥有庞大的聘用人员队伍,包括婚礼中的主持人、车队、摄影摄像等。一家经营较好的婚庆公司不仅要有周到完善的服务,更主要的是要有吸引人们消费的亮点。像赵雄飞的婚庆公司推出"个性化消费"策略,不走传统路,抓住了人们的消费心理,迎合了市场的需求,所以能取得成功。赵雄飞的成功经验对于从事婚庆行业的农民朋友以及对于从事其他行业创业的农民朋友都具有借鉴意义。

■ 实用妙招

一些新类型的乡镇企业介绍

(1)加盟经营类企业。这是一种新型的经营方式,加盟合作、特许经营的销售方式是国际上比较流行的一种企业扩大生产规模、占领市场的经营方式。很多国际著名企业都采取这种合作方式进行品牌扩张,如"星巴克""肯德基""沃尔玛"等公司,就是采取特许经营的方式在世界各地开分店,其良好的品牌效应和规范化的经营操作系统,确保了每一个加盟合作经营的投资者都能够获得稳定、丰厚的投资回报。

如果想做一家加盟经营类企业,要注意些什么呢?

一是要选择适合自己的特许加盟品牌来做。近几年国内的特许加盟商号多如雨后春笋,在选择加盟品牌时,加盟者需要对自己具备的实际条件进行理性分析,然后结合当地经济状况、资源优势来选择适合的项目。在项目的选择上要注意挑选切实可行的项目加盟,同时要在可行性、加盟合约、管理方法、项目市场前景等方面对招商单位进行考察了解。

二是在创建企业及经营过程中凡事要亲力亲为。在创建企业及经营过程中,会涉及财务管理、人事管理、开拓市场、同行竞争等诸多因素。很多加盟企业的经营者由于不是亲力亲为,对生意松懈,往往出现管理混乱、服务质量差、经常得罪顾客等现象,从而导致企业亏损赔本。

三是要善用加盟总公司的资源来配合业务上的发展。加盟店与加盟总部有着很微妙的关系,既唇齿相依,又各有其利益轴心。加盟商应该抱着"共创双赢"的心态,在听取总部意见的基础上,积极地与总部进行沟通,及时传递当地的信息,借助总部已有的经验和指导,共同探讨出适合当地情况的经营策略。

(2)红白喜事表演机构。红白喜事表演在我国有着悠久的历史,常用在红白喜事、年节庆典等场合表演,经过长期的历史传承和演变,现在又成为农村近年来新兴起的一个行业。

红白喜事表演机构的特点:

一是从业人员可多可少。少则2～3人(如一个单纯的吹乐班),多则可有十几个人(如较大的表演机构),但这些人员都需要有相关的技能和技艺。

二是表演内容丰富多彩。既有简单一些的吹奏乐表演,又有较复杂的地方小戏,还有大型的耍狮子、舞长龙、踩高跷、跑花灯、大台戏、练武术、现代歌舞等。

三是投资成本可大可小。如果只是一个简单的2～3人组成的表演机构,那么投资就会很少,几千元就行,但是要办一个大型的表演机构,那么投资相对就要大得多,这些要投资者量力而行。

四是经营方式灵活。红白喜事表演机构不但可以在本地表演,如果表演水平较高,还可以到外地表演。不仅可以在红白喜事中表演,还可以在当地节庆、各种开业、开工剪彩仪式上表演,还可以参与企业商业的广告宣传业务等。

(3)各类中介机构。中介服务在农村是一个较新的行业。中介服务机构也叫"市场中介组织",是指那些本身不从事商品流通活动,而为专门从事商品流通活动的市场主体提供各种服务的组织。改革开放以来,随着市场经济的发展,中介服务逐渐成为热门行业,多种快捷服务给百姓带来很多方便,如果有兴趣,投资中介服务也是一个不错的选择。投资中介机构都有哪些要注意的呢?

一是选择适合自己的来投资。目前中介机构的种类繁多,常见的有房屋中介服务、劳务中介服务、婚姻中介服务、货物配送服务、证券经纪机构、企业登记代理服务、商标代理服务、广告代理服务、农村技术经济服务等。投资者要根据自己当地的市场空间、自己的专长、资金的多少、地理位置等条件来选择投资哪种中介服务。

二是中介机构要依法经营。根据我国法律规定,中介机构要依法通过资格认定,依法设立;中介机构从事专业服务活动应当符合国家规定的资质条件,收取费用要认真执行国家规定的收费标准。中介机构对其行为后果要承担相应的法律责任和经济责任,并接受政府有关部门的管理和监督。有关各类中介机构的具体规定,因行业不同而有所区别,可以到当地政府及工商管理部门咨询。

三是经营好中介机构的核心是市场信誉。要经营好一家中介机构,如何建立良好的市场信誉是最大的问题,尤其是一开始,一定要做精做细,不要盲目求大。可以通过长期提供良好服务的口碑效应、注重客户关系维护、利用关系营销、跟踪服务、采取最有效的策略来吸引顾客等方式提高自己的市场信誉。

(4)编织刺绣作坊。当许多乡村老手艺没落时,手工艺品却正逐渐走向时尚的潮头。因为手工艺品的个性是机器产品无法取代的,所以,一些人就将民间作坊的手工艺品引入市场,如以编织刺绣作坊为代表的手工作坊"特色店"。更有人把这些店细分或者放大,成立了有民间特色的各种生产公司或者销售公司。下面来看看编织刺绣作坊的经营特点。

一是投资多依托当地的资源。无论是投资编织刺绣作坊,还是其他的民间作坊,基本上都要依托当地的自然资源或者人力资源,以保证产品的原材料和加工者充足。如果要投资类似的企业,就一定要对当地的自然资源和人力资源进行认真的考察。

二是投资机动性较强。如果投资一家以经营编织刺绣产品为主的销售店,

第五章　办个企业当老板

只需要负责收取产品再销售,相对成本较小,但利润也相对较少。如果投资一家生产和销售为一体的企业,投资则相对较大,利润和风险也同样较大。

三是经营机制比较灵活。如投资一家编织刺绣作坊,既可以只生产,也可以边生产边销售,更有的作坊采取提供原材料让顾客自己动手生产的方式,提高顾客的兴趣,把生产的过程变成一种可销售的产品,还有的则采取与旅游公司合作、与酒店合作等方式销售。

第六章
旧瓶也能装新酒

一、旧瓶装新酒也是创业

以种粮种菜、养猪养鸡等种植和养殖行业为主要代表的农业,是农民千百年来的老本行,也是国民经济发展的基础。但是在我国工业经济高速发展的今天,农业面临着增长趋缓、地少人多、效益下降等新的困难,许多农民被迫离土离乡到外地打工。"二十亩地一头牛、老婆孩子热炕头"式的传统农业已经辉煌不再,以种植、养殖为代表的传统农业亟待改进和创新。那么,在新的经济和社会发展形势下,传统的农业应当如何创新呢?

1. 种植、养殖业的特征

(1)种植业的特征。种植业,即植物栽培业,是栽培各种农作物以及取得植物性产品的农业生产部门。种植业是农业的主要组成部分之一,包括各种农作物、林木、果树、药用和观赏植物等的栽培,有粮食作物、经济作物、蔬菜作物、绿肥作物、饲料作物、牧草等。在我国通常指粮、棉、油、糖、麻、丝、烟、茶、果、药、杂等作物的生产。种植业的主要特点是:以土地为基本生产资料,利用农作物的生物机能将太阳能转化为化学潜能和农产品。我国的种植业历史悠久,种植业是我国农业产值构成中所占比例最大的产业。

(2)养殖业的特征。养殖业是利用畜禽等已经被人类驯化的动物,或者鹿、麝、狐、貂、水獭、鹌鹑等野生动物,通过人工饲养、繁殖,使其将牧草和饲料等植物能转变为动物能,以取得肉、蛋、奶、羊毛、山羊绒、皮张、蚕丝和药材等畜产品的生产部门。养殖业主要包括牛、马、驴、骡、骆驼、猪、羊、鸡、鸭、鹅、兔、蜂等家畜家禽饲养业和鹿、貂、水獭、麝等野生经济动物驯养业。养殖业是人类与自然界进行物质交换的极重要环节,也是农业的主要组成部分之一,与种植业并列为农业生产的两大支柱。

2. 种植、养殖业的创新经营

(1)种植业如何创新生产经营方式。种植业产出多少取决于耕地条件和天气变化。种植业也存在着市场风险。在市场经济条件下,从事种植业生产的农民必须改变传统的生产经营方式,只有对传统的生产经营方式进行改进和创新,才能实现收入的提高。具体的创新可以从以下几个方面去考虑。

一是优化种植业结构。根据市场需求,一些地区可以适当改变以种粮为主的传统种植业模式。在种植业结构中,降低粮食作物比重,提高经济作物、特色种植比重,形成粮食作物、经济作物、特色种植等农作物全面协调可持续发展,提高种植业收入。

二是提高机械化率。通过种植业生产中机械化的广泛应用,提高种植业的机械化率,将会极大提高种植业的生产效率,将农民从繁重的种植农活中解放出来,转移到其他行业,增加农民收入。

三是提高设施化比例。设施化是指提高人工建造设施在农业中的应用。提高设施化在粮食、蔬菜、食用菌、花卉、果树等种植业中的比例,可以减少种植业的自然风险,提高产品的科技含量,增加产品的市场竞争力。

四是优化种植业品质。通过提高粮食作物良种覆盖率、产品优质率、绿色无公害种植(生态种植)业农产品比例,加大科技投入,采取科学施肥和田间管理等方式,提高高效农作物在种植业中的比重,从而实现种植业品质的优化,提高种植业收入水平。

(2)养殖业如何创新生产经营方式。养殖业在经济发展的早期阶段,常常作为农作物生产的副业,即所谓的"庭院养殖"。随着市场经济的发展,养殖业逐渐发展成为相对独立的产业,成为农业中的一大支柱,并且还分化出了为各种养殖业服务的工业,如为其提供服务的机器、设备、兽药、配合饲料以及各种养殖业产品的加工业等。我国自上世纪80年代以来,养殖业产值增长速度虽然远远超过世界平均水平,但养殖业的人均产量或产值仍低于世界平均水平。因此,养殖业在我国仍然有很大的发展空间,只不过在市场经济条件下,传统的养殖业生产经营方式已经明显不适应,需要改进和创新。

一是根据市场需求,调整养殖业结构。在养殖业创新中,可以根据市场需求

农民创业宝典

的变化,依靠本地的优势资源,因地制宜地发展利润较高的畜禽养殖业,如各种特色养殖、特种养殖、生态养殖等。将优势产业与优势资源结合起来,变资源优势为农民的增收优势。

二是改变经营观念,向精品型发展。要改变单纯追求数量的观念,在"精"字上找机遇,在"精"字上做文章。通过改良畜种,提高良种覆盖率,开辟饲料来源,增加科技投入,加强饲养管理,提高养殖业疾病防控治疗水平,发展无公害优质畜禽水产品(生态养殖)等途径,提高畜禽产品的质量、知名度和市场竞争力。

三是创新经营体制,实现多元化发展。养殖业,尤其是规模养殖业,是一个投入较大的行业,许多农民发展养殖业时,都会面临资金的困难。因此,必须利用多渠道增加投入,农户之间、农户与企业之间可以通过契约、订单、合同等形式相互联结,将千家万户的农民与千变万化的市场联结起来,走规模化的道路,实现养殖业的多元化发展。因为只有专业养殖规模化才能降低养殖成本,增强市场竞争力,提高养殖效益。

二、旧瓶怎样装新酒

以上介绍了大量的种植、养殖业生产经营创新的方式,但是对于农民朋友来说,仍然显得过于理论化和抽象化。其实这些创新都是建立在原有的种植、养殖行业基础之上的,可以说是旧瓶装新酒,但具体怎样装,也就是说创新的具体方法是什么,下面将分别作简单介绍。

1.种植、养殖新方式

传统的种植、养殖方式,虽然有不足之处,但是也并不是没有可取之处,其他所谓的创新也并不一定是要投入多少资金,需要多么高的科技含量,有时可能只需要走一走,看一看,想一想,换一下思路而已,不信请看下面的事例。

■ 故事再现

奇怪的鸡老板

河北献县有位很奇怪的养鸡老板,为什么奇怪呢?怪就怪在他每天能卖几千只鸡,但他自己的养殖场却没养多少只鸡,大概只有5万只,他卖的鸡是从哪来的呢?

原来他的养殖场只从事销售、饲料加工、孵化、防疫和10%的饲养工作,而剩余90%的饲养工作由当地的几百户农民负责。他集中资源抓住家禽饲养行业中最关键或者说价值增加最大的环节,即营销与技术,形成了两大共享优势:一是营销,农民的鸡通过由他建立的营销渠道来卖;二是科学技术,在饲料、孵化和防疫等环节上的技术,由他来提供。农民通过他的养殖场每出售一只鸡,有4元钱的毛利,其中1.5元是他的直接收入,另外2.5元毛利归农民所有。但是农民拿去的毛利还要从他的养殖场购买其他的服务,最终大部分还是以各种形式变成了他的养殖场的收入。这样他不仅大大降低了生产、经营和管理成本,消除了经营和财务上的风险,还以最小的资金实现了养殖场的扩大发展。

故事分析

"养牛为耕田、养猪为过年、养鸡为油盐"是人们以前传统种植、养殖的旧观念,但是在现阶段需求改变了,不过往哪改却是个问题。采取那种"别人上规模、我也上规模,别人搞特色、我也搞特色"等跟风式的改法是有问题的,传统种植、养殖生产经营方式的创新,最重要的是要"出奇招、出新招",要跟别人不一样。

实用妙招

传统种养生产方式创新

(1)传统的种植、养殖方式创新采取较多的是规模生产,规模生产具有有利于管理、有利于服务、有利于改善农村环境卫生、有利于提高劳动生产率和农村生产组织化程度、有利于提高效益等优越性,而且可以实现养殖、种植业跳跃式发展,增加农民收入。

传统的种植、养殖业在生产方式上,虽然可以采取规模化的方式来提高生产率,但是产品在性能和质量上很难区别,自然价格上也没有过多的优势。所以今后种植、养殖行业的创新方向之一就应该是追求以市场销售渠道为主导的创新。只要你抓住了销售渠道,就会掌握市场主动权,虽然是传统的种植、养殖方式,但也会有较高的收益。

(2)传统的种植、养殖生产方式创新的另一个方向就是复合式或者说集成式创新,即将普通的生产经营方式进行复合整合,从而产生更好的效益。如在同一块农田里采取稻鸭共育、稻鸡轮养、稻饲(饲草)鹅轮作等种养结合技术,既保持粮食优质高产,又与养殖业复合经营;采用粮食与蔬菜、瓜果等轮作的粮经结合技术,提高粮田经济效益;实施水稻、玉米、饲草轮作,用玉米秆和饲草发展奶牛、山羊等粮、饲、牧结合技术;水产类可以采取鱼鳖混养、蟹虾混养等混养、套养、轮养新技术。

2.特色种植、养殖业

近些年,特种种植、养殖业在农村风生水起,一大批头脑活络的农民瞧准市场商机,大力发展特种种植、养殖业赚起了"特色"钱,积累了许多宝贵的经验。

故事再现

农家夫妇的特色养殖之路

黑龙江饶河县的崔大民,五年前还是一个只种 30 亩地靠天吃饭的庄稼汉,但现在,在当地靠着特色养殖致富的他,在全镇甚至全县都是一个响当当的人物了。2009 年,崔大民家 30 亩地种的粮食丰收了,但因为市场价格不好,加上农药化肥的价格上涨,当年底,他与妻子算账时发现,这一年根本没有赚到什么钱。夫妻两人十分沮丧,一合计,觉得不能再种粮食了,要干点别的。2010 年春节时,经朋友介绍,崔大民夫妇开始接触狐、貉养殖,经多方面考察,他们发现狐、貉养殖有利可图,是创业的一个好门路。于是,他们下定决心开始从事特色养殖。由于从没养过狐、貉,一点经验也没有,故夫妇俩从头学起。他们不怕辛苦,不远百里跑到邻县虚心向其他有饲养经验的养殖户学习饲养技术,又买来了专业的养殖技术书籍进行自学。就是凭着一股韧劲和不服输的劲头,他们仅用一年时间就熟练掌握了狐、貉养殖技术。2012 年夏天,崔大民的狐貉特色养殖场已经初具规模,自家院里饲养狐、貉、貂的铁笼子一字排开,300 余只种狐、种貉、种貂个个全身油光发亮。年底一算账,夫妇俩特色养殖的收入有 20 多万元。2015 年,尝到特色养殖甜头的崔大民夫妇经过一番考察,又从外地引进了经济效益更好的黑貂、紫貂进行饲养。在崔大民夫妇的带动下,村里 10 多户村民也搞起了特色养殖,特色养殖成了增加村民收入的新亮点。

■ **故事分析**

　　中国是一个地大物博、物产丰富的国家,各个地方都有自己的特色种植、养殖产品,如有的地方搞药材、观赏蔬菜、特种花卉、进口水果、设施作物等特色种植,有的地方则搞野生畜禽、珍稀畜禽、进口畜禽水产品等养殖。有越来越多的农民依靠特色种植、养殖走上了致富路。但是也要提醒广大农民朋友,搞特色种植、养殖不仅需要相对较高的投入,而且也存在一定的风险,如果对相关的技术掌握不好,或者对市场不了解,就盲目地投资,那么有可能会赚不到什么钱,弄不好反而要赔本。

■ **实用妙招**

特色种养生产经营要注意的问题

　　(1)特色种植、养殖包括两个方面的内容,主要是从种植、养殖物种和种植、养殖方式上来讲,只要是不同于一般的都可以称为"特色种植、养殖"。从物种来讲,特色种植、养殖的品种规模小,没有标准,竞争对手少,可以说是一种特色。从种植、养殖方式上讲,即种植、养殖方式很特别,如现在流行的立体种植、养殖,循环种植、养殖,生态种植、养殖等,也可以叫作特色种植、养殖。

　　(2)发展特色种植、养殖一定要适合当地实际,一是要适合当地的温度、降雨、土壤等自然条件,要认真咨询有关专家,了解本地的气候条件和所引进的特色项目的适应条件,尽量引进适应本地区自然条件的优势特色品种,防止盲目发展。二是要适合当地的市场条件,要对当地的市场认真了解,千万不要看到什么产品价格高、有钱赚,就一哄而上,或者以"大"为目的,片面追求规模,导致本地市场供大于求,俏货变成了滞销品。

　　(3)技术要过关。许多特色的种植、养殖项目都是新兴的产业,有些推广这些项目的公司为谋取私利,便把相关技术说得简单至极,其实有许多项目的技术环节尚属探索阶段,发展存在着很大的风险。因此,希望农民朋友在发展这些特色种植、养殖项目之前,要多方考察,了解对方的技术实力是否雄厚,自己是否能掌握相关的技术,以及对方后续的技术支持是否可靠,还要在生产中深刻领悟和积极思考,将所学的知识弄懂,在实践中能灵活运用,才有可能获得收益。

(4)要防止欺诈。特色种植、养殖因为有自己特殊的市场空间和前景,加上特殊的收益,吸引了越来越多的人投资。但是,有一些农民在选择项目时,往往听信"新品种""高效益"和"包回收"的诱惑,不分析、不思考,只想"天上掉馅饼",一心想发大财,或者只是道听途说,听别人介绍一下,简单看一看,有时甚至只是在网上查查,打一个电话就决定了项目,结果上当受骗,造成巨大的损失。其实,一些公司或者厂家的所谓骗术并不高明,只要农民朋友先用心算一算账,再认真考察一下,最后再货比三家,一般就能了解事实了。

3. 生态种植、养殖业

近些年来,大量使用化肥与农药,不但污染了土地和水源,使野生动植物数量不断减少,还污染了农产品;同时造成一些农产品质量下降,色香味越来越差。在这种形势下,一种新的种植、养殖方式,即"生态种植、生态养殖"便应运而生。生态种植、养殖是指在保护、改善农业生态环境的前提下,运用现代科学技术进行集约化经营的农业发展模式,目的是最大限度地利用资源,减少浪费,降低成本,保护生态环境。

■ 故事再现

生态循环种植养殖,效益就是不一样

浙江绍兴县的农民张利明,走南闯北多年后,觉得总在外飘荡也不是长久之计,就回到家乡创业。他将目光瞄准了生态养殖业,他拿出自己多年的积蓄,又向朋友借了些钱,在村里承包了44亩荒岗土地,建起了生态种养农场。他依据地势特点,将整个农场分成上下两部分。上部分养猪,下部分搞鱼、鸭、鸡等综合养殖和苜蓿、西瓜、蔬菜等种植。养猪产生的粪便直接进入猪舍下的沼气池,产生的沼气用于取暖、照明和做饭,沼液用于浇灌种植区,沼渣则是喂鱼的好饲料,多余的猪粪晒干后成为土壤改良的高效有机肥。同时,柴鸡在种植区放养,麻鸭和鱼在池塘里共游,种植区还可提供丰富的青饲料,整个农场形成一个循环化、生态化的养殖基地。尽管张利明的农场刚起步,但他已经尝到生态循环种养的

甜头。他的猪、鸡、鸭、西瓜、蔬菜总是供不应求,而且卖价要高出市场价二成以上,投产第二年后他的农场销售收入就达到30万元。

■ 故事分析

生态种植、养殖是近年来新兴的农业项目之一,并且有种植、养殖立体合一的趋势。虽然这种生产经营方式比较先进,收益较高,但是需要的技术水平较高,投资也相对较大。因此,农民朋友如果想发展生态种植、养殖项目,就应当先过了技术、投资这两关才行。

■ 实用妙招

常见的生态种植、养殖模式

(1)生态无公害种植模式。

①利用微生物技术、秸秆还田技术等,在农作物收获之后,把其根茎或者秸秆还田,喷洒上益生菌原液后埋入地下,过一段时间后,在地表下可形成一层肥沃的天然腐殖质,以增加土地的氮肥和氯肥,使地下水保持清洁。或者只使用农家肥,少使用或者不使用化肥。

②对种植作物的病虫害防治采取生物防治法,不使用高毒、高残留农药。

③轮作、套作配合使用,即豆类、粮食、根茎等作物不断轮种,或者果树、蔬菜、药材等间作套作。

(2)立体生态种植、养殖模式。

①立体养殖模式,如"鸡—猪—蝇蛆—鸡、猪"模式,即以鸡粪喂猪,猪粪养蝇蛆后肥田,蝇蛆制粉,用来喂鸡或猪,饲养效果与豆饼相同。与此相似的还有"鸡—鱼—藕"模式,即架上养鸡,架下为鱼池,池中养鱼、植藕;"水禽—水产—水生饲料"模式,即坝内水上养鹅、鸭,水下养鱼虾,水中养浮萍,坝上还可养猪、鸡;还有"猪—沼—果(林、草、菜、渔)"等立体养殖模式。

②利用自然资源的模式,如利用本地的自然资源,将家禽放养到果园、山林、草地或高秆作物地里,或者让牛、羊、驴、鸡等自由采食青草、野菜、草籽、昆虫等放归自然的种植养殖方式。这种模式不仅能减少饲喂量,节省大量粮食,而且能

有效清除害虫和杂草,达到生物除害的功效,减少人们的劳动强度和药物性投入,大幅度提高禽肉、禽蛋的品质,生产出特别受人欢迎的无污染、纯天然或接近天然的绿色产品。

三、旧瓶装新酒有窍门

新的种植、养殖业生产经营方式是一种新生事物,自然就需要学习新的技巧,而且因为从事的人少,大家知道的经验少,存在的风险也大,所以在新的种植、养殖业当中学会一些基本的生产经营技巧和风险防范方法就显得很有必要。

1.防范生产经营风险

无论从事何种行业,风险都是始终存在的,农民朋友对新的种植、养殖业生产经营模式必须有充分的认识和足够的估计。只有采取了积极的措施来规避和减少风险,并且长期坚持,才能将生产经营中的风险降到最低,让种植、养殖业生产经营持续有序地发展壮大。

(1)防范自然风险。虽然风灾、雨灾、旱灾、雹灾等自然风险是不以人的意志为转移的,也是难以避免的,但并不等于我们无能为力。农民朋友可以通过及时收看天气预报、提前预防,根据本地气候特点选择种植、养殖品种,加强灾害防范的设施,以及购买农业保险等方式进行防范。

(2)防范技术风险。对要发展的种植或者养殖项目,一定要在技术上做到风险最小,引进时首先要认真考虑相关的技术以及自己的学识或经验能否真正掌握。其次要看选择的项目方有没有专业技术团队和精细的岗位分工。如果一个公司或者种植、养殖场没有专业的技术团队,其生产、市场、销售、技术、管理等也没有精细的分工,那其产品质量、技术、服务肯定得不到保障。再次要看技术支持是否可靠。如果没有培训或培训只是照本宣科,都可能让你的发展走弯路。最后还要看对方的售后服务。如果对方没有售后服务或者售后服务的质量很差,那么,一旦你的生产经营出现问题,可能就要遭受很大损失。

(3)防范市场风险。一是在选择引进项目时,要对项目的市场进行考查和分析,不要轻信别人的宣传。二是要有平常心态,不要盲目跟风,看到产品价格上升了,就拼命地扩大规模;价格下滑了,就马上认为不能搞了,开始低价抛售,甚至放弃发展,其结果只会给别人创造发横财的机会。三是要以质取胜。大家可以看到,一种产品无论市场好坏,在市场中价格最高的产品,往往都是质量最好的,由此可见,在市场条件下,有好质量就有好价钱。

(4)防范法律风险。防范种植、养殖生产经营中的法律风险,主要是合同签订时的风险防范。农民朋友在与公司的合作中,始终处于弱势,加上法律知识欠缺,常常不知道签订合同的重要性,更不清楚合同中应订立哪些条款,这就难免形成合同纠纷,最终受到损失的也多是农民朋友。因此,农民朋友在订立合同时,要认真阅读和审查合同,必要时可以对合同进行公证或鉴证,或者就某一项具体事项向律师咨询,也可以聘请律师参与合同的谈判与签订工作。这样如果一旦出现纠纷,就可以双方协商解决,也可以找政府出面协调,还可以通过法律途径解决。

2.节约生产交易成本

(1)节约生产成本。影响农民朋友种植、养殖业收入增长的一个重要因素是生产经营成本太高,如果成本接近产品收购价格水平,就没有多少产出效益了。要提高效益,就要先降低生产成本,在采购原材料上,要选择物美价廉的原材料,而且要尽量在离自己最近的地方,这样可节省很多费用,还可以将同行联合起来,采取团购的方式节约成本。在生产上,重点是要提高技术水平,减少生产过程消耗,严把质量关,多出高质量产品,尽量减少次品。在销售上,要抓住大的客户,尽量将向同一个地方送的货物集中一起,节省费用,还可以通过联合起来集中出售的方式,减少单个出售的相关费用。

(2)节约交易成本。重点就是要改变传统经营方式,可以通过依托本地的农产品加工企业或者龙头企业,采取"公司+基地+农户"模式或者"龙头企业+协会+农户"的模式减少与其他企业直接购销的谈判、运输等成本。也可以发展自己的农产品经纪人,畅通产品流通渠道,降低农产品的交易成本。还可以采取组织专业合作社、专业协会的方式,提高自己在市场交易中的地位和谈判能力,从而减少交易成本,提高市场收益。

3.获取政策技术支持

我们国家对农业的发展一直极为重视,每年都会出台一些与农业相关的支持政策,一些涉农部门和科研部门也有许多相关的政策和技术来支持农业的发展。但是许多农民朋友对此了解不够,或者不知道到哪里获得国家的政策支持和一些部门的技术,下面就简单作一些介绍。

(1) 如何获得政策支持。

①要关注国家相关的会议与政策。平时要多看书、看报、听广播、看电视,或者有条件的可以经常上网,浏览国家相关的网站。对国家与农业相关的会议或者出台的农业政策要及时了解,了解哪些是对自己的项目发展有利的,哪些可以为自己的发展提供支持。还可以依靠国家政策提倡的方向,来决定自己要选择的项目。

②要学会找到政策支持的渠道或者部门。首先,可以到当地政府咨询相关的政策,寻找政策支持。其次,在知道支持的政策后,可以到相对应的部门去咨询,如到农业部门寻求农业项目的信息、技术、扶持资金等支持;到畜牧水产部门寻求信息、防疫、养殖大户扶持等支持;到农业银行等金融部门,根据国家政策寻求相关的信贷资金支持等。还可以通过政府的门户网站、政府或者相关部门的热线电话、广播、电视专栏等寻求政策支持。

(2) 如何获得技术支持。

①平时要多打基础。一是要清楚自己需要哪些技术,对自己在种植、养殖过程中发现的问题要及时总结,对不清楚的问题要认真记录下来。二是可以购买相关的技术图书、光盘等资料,平时多学习总结。三是要积极参加种植、养殖公司或者农场、基地的技术培训。四是积极参加当地政府或者相关部门组织的培训。

②出现问题要知道找谁。一是可以与同行中的高手交流,向他们请教。二是可以与自己购买或者合作项目的公司或种植、养殖场家联系,寻求技术支持。三是可以到当地政府农业、畜牧、科技等相关部门去咨询和寻求支持。四是到网上查找相关的技术资料,或是到相关的论坛寻求高手"支招"。五是与科研院所、大专院校的专家联系,寻求支持。六是可以通过热线电话、广播、电视专栏等寻求支持。

第七章
老树需要发新枝

经济和社会的发展,尤其是现代科技的进步,为各个产业提供了强大的支持。各种新的产业和行业层出不穷,有的是产业和行业自身发展产生了新的行业,有的则是各产业和行业之间的相互结合产生了新的行业。古老而传统的农业已经不再是人们传统观念中单纯的作物种植的产业,而是发展出了许多新兴的行业,如将农业与旅游业结合产生的观光休闲农业,就是目前以观光性、环保性、生态性等多样化为主要特征的新型农业。

一、老农业新功能

"观光休闲农业"是近些年农业发展进程中出现的新名词,那么什么是观光休闲农业呢?观光休闲农业就是利用农村设备与空间、农业生产场地、农业产品、农业经营活动、自然生态、农业自然环境、农村人文资源等,经过规划设计,以发挥农业与农村休闲旅游功能,增进民众对农村与农业的认识,从而提升旅游品质,提高农民收益,促进农村发展的一种新型农业。通过优美的农业自然环境及其相应的农、林、牧、副、渔业的生产过程和农业劳作,吸引城市居民前往参观、参与、购物和游玩,为城市居民亲近农村大自然提供了便利,也成为农民增收的一个新的重要途径。

1. 国外的观光休闲农业

休闲农业在欧美很多国家有着悠久的历史,19 世纪 30 年代欧洲已经开始农业旅游,然而,这时观光农业并未被正式提出,仅是从属于旅游业的一个观光项目。20 世纪中后期,旅游不再是对于农田景观的欣赏观看,而是相继出现了具有观光功能的观光农园,农业观光游逐渐成为休闲生活的趋势之一。20 世纪

80年代以来,随着人们旅游度假需求的日益增加,参观农业园由单纯观光的性质向度假休闲等功能扩展,在世界各国形成了传统休闲农业、都市型休闲农业、科技型休闲农业、奇异型休闲农业等多种休闲农业经营模式。目前,一些国家又出现了观光农园经营的高级形式,即农场主将农园分片租给个人家庭或小团体,假日里让他们使用。如德国城市郊区设有"市民农园",规模不大,出租给城市居民,具有多功能性,可从事家庭农艺、蔬菜种植、花卉种植、果树栽培等活动,从而满足回归自然和休闲体验的需求。

■ 故事再现

德国约瑟夫的休闲农庄

德国的约瑟夫是一个小农场主,拥有一个300多亩的庄园,主要从事种植业。2000年,他接受一个环保组织的建议,开始改造庄园,从事农业休闲产业。首先,他只考虑搞个"度假农庄",主要是吸引全家旅游和夫妻旅游的游客前往农场度假,并与农场主人一起生活,使游客在度假之余,亦能尽情欣赏田园风光,体验农家生活,亲身参与农场生产活动,既能增加旅游收入,又不耽误农业生产。由于经营有方,农庄的生意非常好,供不应求。

不久后,很有经营头脑的约瑟夫又想出新的点子,他又承租了周边农庄的200多亩地,并分块建了一些农舍,然后将各块地出租给市民并收取租金。承租者可以在农地上种花草、树木、蔬菜或进行庭院式经营,可以享受耕种以及接近大自然的乐趣。约瑟夫还请了几个技术人员,专门负责培训市民如何种植花卉、果蔬,并在市民不在的时候帮助打理。这一举措更是受到那些城市居民的欢迎。农园开放不到一个月,所有的地块就全部租出去了,约瑟夫不仅经济收入大幅增长,还得到了政府的表彰。

■ 故事分析

国外发达国家很早就开始发展休闲农业,到现在已经形成了多种多样的发展模式。大多数发达国家的休闲农业,都非常注重开发特色产品和优势产品,力求突出差异,寻求不同,并能较好地整合当地资源与乡村文化。有些国家还将荒漠、沼泽、滩涂等农业劣势资源进行合理的开发和包装。国外休闲农业发展还有一个重要特征,就是有成熟的协会组织作支撑,农民自发结成休闲农业行业协会,可以有效整合利用资源,有利于打造整体形象,形成品牌。这些经验无论是对于我们国家农村发展,还是对于我们农民朋友来说,都具有重要的参考借鉴价值。

2.国内的观光休闲农业

我国的观光农业是在20世纪80年代后期兴起的,首先在深圳开办了一家荔枝观光园,随后北京、上海、广州、武汉、珠海、苏州等相对发达地区相继开始出现观光休闲农业经营。进入新世纪以来,观光休闲农业得到快速发展,全国各地纷纷出现不同类型的观光休闲农业形态,吸引了大量城市居民到农村休闲度假。各地发展观光休闲农业的具体方式有所区别,但有一点却是相同的,即大都是以本地的自然资源为主发展起来的,并取得一定的效益。各地观光休闲农业的蓬勃发展,充分展示了其强大的生命力。

故事再现

让人惊喜的金湘山庄

在湖南省中部有一个颇有名气的生态休闲山庄,叫"金湘山庄",庄主金宜是一位有抱负、执著、肯干的农民。2002年,他承包了村里一片荒土地,之后经多方筹资,历尽艰辛,利用4年多时间,把它变成了集生产、示范、旅游观光于一体的高效农业精品园。

如今一进山庄,便感觉进入了色彩斑斓的现代农业世界。500米长的拱形葡萄长廊首先恭迎游客的到来,进到里面,到处是花草相映,果木飘香,你无论哪个季节来到这里,都能感受到春天的气息,都可以采摘到自己喜欢的水果,还可以参与农业生产。游客可以看到现代农业的种植和节水方式,果树采用滴灌,高喷喷头喷出的水在阳光下面闪现出一道道彩虹,花草果树不施化肥、不打农药,肥料都来自园区里的鸡场和猪场。想吃土鸡肉可以现杀现做,想吃鱼可以现钓现宰,想吃蔬菜可以现摘现做,这里全部农作物的栽培、家畜家禽的养殖管理,都恪守一条"绿色"的原则,即不打农药,不施化肥,不喂精饲料。

城市居民节假日到郊外度假休闲,走进金湘山庄,那感受和心情,是难以形容的,既有看的,又有玩的,还有吃的,既有农业精品观光,又有文化娱乐休闲。山庄的生意自然十分兴隆,金宜的艰辛既得到了物质上的回报,也产生了良好的社会效益。

故事分析

近年来,越来越多的城市居民喜欢到农村观光、娱乐和休闲。不少农民朋友特别是城郊的农民朋友看到了这一商机,争先恐后地建起了各类休闲农庄,为城市休闲者提供观农村景、吃农家饭、住农家院的"一条龙"服务,且大多能获得可观的收益。但目前国内的观光休闲农业发展还处于初始阶段,无论是个体的"农家乐",还是休闲农业企业,相互效仿的多,有创意的少,大部分还局限在吃饭、住宿和垂钓"老三样"上,像金宜这样的真正的生态庄园还不是很多。我国是一个具有五千年农耕文明的国家,农耕文化丰富多彩,各地也有许多特色项目,只要你去认真挖掘,合理开发,就能发现其中的无限商机。

二、老农业新经营

农业传统文化和休闲功能包含农、林、牧、副、渔及其经营内容,有粗犷、有精细,涉及自然环境、历史地理、文学艺术等多种知识。中国作为农业大国,各地社会、经济、自然情况差别很大,区域特点更为明显,因此,要发展观光休闲农业,必须在有依托的情况下逐步发展,注意发挥地区优势,强调特色化,避免一窝蜂。

1. 观光休闲农业的市场经营类型

(1)观光农业园。观光农业园模式主要是将果园、花圃、菜园、茶园等作为主要经营主体,在水果、花卉、蔬菜等作物成熟季节,为游客提供入内摘果、拔菜、赏花、购买及参与生产等活动,让游客享受田园乐趣,亲近大自然,欣赏自然风光。观光农业园是目前观光农业最普遍的一种形式。

(2)科技农业园。科技农业园模式则主要以农业生产为主体,在生产的同时向游客展示农业科学技术。这是一种把高科技引入农业并与旅游业相结合的新型休闲农业经营模式,常见的如农技博物馆、基因农场、生物工程、温室栽培、无土栽培、药膳农业园等。

(3)生态农业园。生态农业园模式是指在以自然生态保护为主要目的的基础上,发展出来的兼具生产、教育、娱乐功能的休闲农业经营形式,如生态农园、有机农园、户外环境教育、户外渡假住宿、户外野餐活动,以及以畜牧或生态方式饲养牛、羊、马、鸡、鹅等家畜,并开展挤牛乳、剪羊毛、捉小猪、抓土鸡、坐牛车、骑马等娱乐活动。

(4)森林旅游。林业旅游模式是指发挥本地自然资源优势,利用森林中多变的地形、辽阔的林地、优美的林相和奇特的山谷、怪石、瀑流等开展休闲游憩活动的经营,如森林浴、森林浴步道、森林小木屋、体能训练场、自然生态教室、森林保育、赏鸟等活动。

(5)农家食宿。农家住宿模式,有的地方叫作"农家乐",是指在农村地区规划出一部分具有鲜明农村特色的村庄或者地域,利用农村中的代表性建筑作为游客休息、住宿地点,并且提供具有乡土特色的餐饮,让游客体验农民的生活形态,并享用新鲜农特产品的经营,即所谓的"吃农家粗粮,干农家细活,享乡村陶然之乐"。常见的如一般农庄、自然修养村、渔村、民俗村等。

(6)民俗旅游。民俗旅游模式则是利用某些农村特有的文化和风俗作为主要经营内容,为游客提供特有的民俗文化体验和农业观光休闲活动,如农村民俗文化馆、乡村博物馆、农产品生产作坊、民俗古迹、地方人文历史、乡村居民建筑、体验农家生活等。

(7)渔业风情。渔业风情模式则是把传统的渔业资源和休闲、旅游、观光及海洋知识的传授有机地结合起来,利用水域资源发展休闲渔业等活动的农业观光休闲活动。如溪边垂钓、岸钓、船钓、体验渔村生活、让游客直接参与捕捞作业等。

2.发展观光休闲农业所需条件

观光休闲农业是一种综合性的产业,不仅包含了农、林、牧、副、渔业的生产过程和农业劳作,还包含了游客参观、参与、购物和游玩过程中服务业的业务范围,如餐饮、住宿、休闲娱乐、导游解说等。因此,观光休闲农业所提供的休闲产品、活动和服务具有农业、旅游业、服务业等综合性的特征,发展观光休闲农业的条件,也要从这几方面综合考虑。

(1)自然资源条件。我国的农业资源极其丰富,地形复杂,气候四季分明,农作物多种多样,特别是生物资源丰富,野生动植物种类繁多。农民朋友发展观光休闲农业之前,必须要对本地区的资源优势、区位优势和目标顾客进行认真的调查研究和分析,对于所要发展的观光休闲农业的模式要有明确的定位。在规划设计中,要体现出观光休闲农业的特色,突出农村生活风貌和丰富的乡土文化内涵。要有农民自己的积极参与,注重与游客的互动等,千万不要脱离本地自然资源实际,忽视了观光休闲农业本来就有的生产、生活、生态等多功能的特性,盲目追求大投资、大规模、高档次、高消费,只是建造过多的人文景观,使环境和设施过于人工化、商业化,让观光休闲农业变味。

(2)建设条件。无论是农业观光休闲园,还是简单的"农家乐",它的投资往往要大于纯粹的农业。因此,要发展观光休闲农业,首先要考虑的就是资金来源和风险承受能力,要有明确的发展规划和完整可行的财力支持计划。其次是要考虑土地问题。观光休闲农业建设中常常会涉及农民承包土地、山林地及水源承包产权和利益问题,应当按照"依法、自愿、有偿"的原则,或承租、或合作,使双方的权益都有保障。三是要考虑生态环境条件。观光旅游势必会带来一定的污染,因此,在发展观光休闲农业时,不仅要考虑园区自身的生产生活带来的生态变化,还要重点考虑由于大量游客的进入带来的生态变化,会不会对自身和周边环境保护与生态平衡产生不良的影响,是否有相关的环境治理配套措施和方案等。

(3)配套条件。观光休闲农业既不是纯粹的农业开发,也不是传统的旅游开发,它的发展必须兼顾多种产业的配套条件。一是要考虑气候与季节条件。由于农业的季节性较强,对气候的依赖性较大,因此,观光休闲农业应及时根据天气情况和农业不同季节发展情况进行旅游线路、观光内容及价格等方面的调整。二是要考虑配套设施条件。观光休闲农业要实现发展,必须在不同服务领域的合作分工方面相配套,要考虑水、电、路、食、住、购物、通讯等相关设施,完全满足游客的需求,实现生产、观光、住宿、餐饮、娱乐的综合配套才能获得游客的青睐。三是要考虑一些有特色的服务条件。千篇一律的休闲项目容易让游客审美疲劳,农民朋友在发展观光休闲农业项目时,应结合本地的特色融入自己的创意,比如有特色的饮食、景观、旅游项目等。

三、老农业新模式

目前,我国已成为国际旅游的主要目的地之一,国内旅游已进入快速发展阶段,并从观光型向观光、度假和专项旅游相结合的趋势发展。传统的静态休憩模式受到冲击,现代化的参与性外出休闲模式将备受现代都市人的认同和青睐。观光休闲农业则正是将自然景观与人文景观高度融合,体现了人与自然的和谐与对话,强调农村与城市生活的"对话",形成了"可览、可游、可居"的环境景观,构筑出了"城市—郊区—乡间—田野"的空间休闲系统,从而吸引了大批的城市游客,不仅为人们提供高品位的健身休闲场所,也提高了观光休闲农业自身的经济效益,提高了农民收入。

1.观光农园

观光农园是农业观光休闲旅游中最常见的模式之一,这些园区主要是在水果、花卉、蔬菜等作物成熟季节,为游客提供入内摘果、拔菜、赏花、购买及参与生产等活动,让游客享受田园乐趣,亲近大自然,欣赏自然风光。

(1)主要类型。包括各种果园旅游和采摘类观光园,如以"三高"农业为代表的农业种植,以花卉为主的赏花园艺,以茶为主的采茶参与和茶艺表演,以水乡特色或农耕特色为主的各种农家生活体验游等。

(2)主要优势。具有投资较少、兼具农业旅游双重经济效益、游客的重游率高、绿色休闲、生态环保等优势。

(3)旅游项目。可以开展农耕景观观光,田园野趣度假休闲,耕种、管理、采摘等娱乐活动,品尝农家菜、土特产美食等。

近几年兴起的农业观光园吸引了很多游客,人们在里面除了观赏农业风光外,还能参与许多活动。北方的有些农业观光园在冬天会开展一些很有意思的活动,如找鸡蛋活动,即在自己散养的鸡场里找鸡蛋,捡到的鸡蛋自己要购买。这种捡鸡蛋活动既能锻炼头脑,又可以锻炼手脚,还有一定的乐趣。可见,农业观光园的形式非常多,可以开展的经营活动更多,这些都需要自己在实践中探索。

2.休闲鱼塘

休闲垂钓是人们劳逸结合的渔业活动方式。由于休闲垂钓多在自然环境优美的风景区,环境幽雅,氛围恬静,且适合于不同年龄段的人们。因此,作为一种修身养性的方式,休闲垂钓受到越来越多的人的喜欢。目前,休闲垂钓正逐渐发展成为集休闲、娱乐、旅游、餐饮等与渔业有机结合于一体的模式,这种模式提高了渔业的社会、生态和经济效益,其市场前景十分广阔。

(1)主要类型。休闲鱼塘的经营类型包括以钓鱼为主的休闲,将垂钓与观赏鱼结合起来的休闲,集垂钓、娱乐、观光、餐饮为一体的综合休闲等。

(2)主要优势。投资可大可小;男女老少均可参与,游客范围广;环境清静,自然氛围好,休闲方式有益身体健康,游客回头率高。

(3)基本要求。

①正确选址。尽量在远离喧闹的乡村,但交通应方便;突出野外休闲乐趣,绿树成荫,为垂钓者营造大自然的氛围。

②配套设施完善。保持鱼塘周边清洁的卫生环境,并有便利的人行步道;在鱼塘边搭建一些凉棚或亭台,作为垂钓者的遮阳避雨处;最好能为休闲垂钓者提供餐饮服务;经济条件较好的可建一些休闲娱乐场所,供垂钓者娱乐休息;还可种植一些无公害蔬菜、瓜果,以供采摘。

③放养科学。为满足不同爱好、不同层次垂钓者的需求,放养的鱼必须做到品种、规格多样化,既要考虑容易上钩,又要考虑充分利用水面。一般休闲鱼塘放养的鱼类包括鲢鱼、鳙鱼、鲤鱼、鲫鱼、草鱼、青鱼等常规鱼类,可搭配团头鲂、黄颡鱼、鲶鱼等特种鱼。鲢鱼和鳙鱼虽不容易上钩,但可以摄食水中的浮游生物,起到利用上层水体、净化和控制水质的作用。建有观赏鱼池的,应该视投资能力大小进行放养。

④注意安全防范。钓鱼工具容易导电,所以鱼塘周围不能有带高压电的供电设备;向垂钓者宣传钓鱼工具的正确使用方法,避免工具伤人;鱼塘周围要有救生人员,防范垂钓者落水等。

3.农村休闲汽车俱乐部

农村休闲汽车俱乐部是近年来新兴的一种与农村观光休闲有关的项目。这些俱乐部一般是车友会的自发团体,多采取会员制,其宗旨在于为驾车人到农村观光休闲时提供全面、及时、人性化的汽车服务,是一些城市车友到农村观光休闲聚会的场所。其开展的服务项目有:

一是联系农村观光休闲场所,组织会员的购车、选车、修车、养车、改车、旅游等各种交流活动。

二是开展到农村观光休闲的自驾游、商务交流、会员聚会等活动。这些俱乐部会员到农村观光休闲,开着自己的车,带着自己的帐篷和睡袋,每到一个地方,都能体验当地的风俗民情。除了放松心情,还可以开阔视野,丰富见识,而且能

第七章　老树需要发新枝

给工作带来更多灵感。

三是免费为会员提供一些汽车服务,如代办车辆入保、车险理赔,免工时费更换机油,免费建立车辆保养档案,以及免费提醒服务(车辆规费到期提醒、车险到期提醒、年检到期提醒、驾照审验到期提醒、车辆换季提醒、生日提醒、会员活动提醒、车管信息提醒)等。

四是提供救援服务,在一定救援范围为俱乐部会员提供拖带、紧急送油、特约服务网点消费优惠等服务。

· 97 ·

第八章
一方水土养一方人

俗话说"一方水土养一方人",说的是每个地区的水土环境、人文环境不同,随之而来的是思想观念、为人处世方式、文化性格特征的不同。因为"靠山吃山、靠水吃水",所以这"一方水土养一方人"也可解释为当地资源可以养活当地的人,或者说每个地方都会有自己独特的生产生活方法和方式。

一、本地打工好处多

改革开放以后,随着珠江三角洲地区经济的快速发展,对劳动力的需求不断扩大,农村一些剩余劳动力开始离土离乡,来到南方发展,由此出现了"打工"一说。后来除了在离土离乡的城市"打工"之外,还出现了离土不离乡,在本地企业"打工"的说法。

■ 故事再现

本地打工就是好

以前每到春节前夕,重庆市开县的农民李全收总是特别犯愁,然而现在,他却再也不用发愁了,每天的生活显得格外悠闲、从容。

李全收只是一位普通农民,他几年前跟着几个老乡外出打工,虽然尝到了甜头,可每年春节来临,他先是为那"一纸难求"的回乡票苦恼,继而又开始止不住地忧心:节后找多久才能找到一份新的活儿?

后来他就放弃了"往外跑",在本地县城的一家企业打工,快到年节时,他只需要在厂子里收工出来后,顺便拐到县城中心的农贸市场和超市中,采购一些年

第八章 一方水土养一方人

货,再到汽车站花几块钱乘上小巴,半小时的工夫就回到了村里。年龄一年比一年大的李全收想的是,现在只要在市里、县上能找到一些不错的活儿,挣的钱哪怕少一点也行,就不会再到外面去打工了,在本地打工回家方便,心里也踏实。

故事分析

如今在许多地方,像李全收这样"离土不离乡"的打工者已越来越多。随着地方经济的发展,各类新建企业的用工和各种工程的建设用工,为不少农民工提供了无须"背井离乡"的打工新出路。加上各地县乡交通的改善,城市到乡村的距离也变得短了许多,更方便了众多的"离土不离乡"打工农民。所以说,在家门口打工,既可以照顾家人,还可以挣到差不多的钱,何必到千里之外求职呢?

1. 本地打工的特点和优势

相对于出远门到外地打工,在本地打工有着自身的特点和独到的优势。

(1)薪酬待遇相对较高。之所以说"相对",是因为在本地打工与外地相比,虽然收入基本持平,甚至少一些,但在外地尤其是大城市的消费水平高、日常生活开销大,还要支付交通费、电话费、水电费等,将每年的开支算一下总账可以发现,还是在本地打工划算。

(2)工作稳定性较高。在外地打工因为许多企业招用的临时工居多,加之企业因为许多打工者容易"跳槽",对外来的打工者也没有长远的"打算",打工者的工作稳定性差。但是在本地打工,如果企业招用的是本地人,这些人在企业工作有稳定收入后,基本很少跳槽,流动性小,能极大减少企业的管理成本,自然企业也就对这些本地打工者在福利、待遇等各方面有了长期雇用的"打算"和"留用"的措施。

(3)生活更加方便。许多农民本身就有着浓重的"乡土情结",期望不离开家乡。在本地打工就近就业的农民,少了外出打工时间与金钱的浪费,既能在工作空闲时干农活,又能照顾家庭,对自己的家庭生活自然带来了极大的方便。

(4)就业优势较为明显。农民在本地就业,一般都愿意回家食宿,这能减少企业的负担,每年需要探亲假相对就很少,也很少在春节等长假辞职不干,造成企业岗位空缺。加之薪酬要求相对又不太高,就业后稳定性也强,不会轻易跳槽,还有一些需要与多人打交道的岗位,本地人会说方言,还具有语言优势。总

农民创业宝典

体来说,农民在本地就业有着一定的优势,尤其是对于财务、收银、司机等不宜频繁换人的岗位,本地人比流动性很大的外来劳动力的优势就更为明显了。

2.本地就业可以干些什么

既然农民在本地就业与外出打工相比有这么多的好处,那么对于广大农民朋友来说,在本地就业都能干些什么? 又怎样才能找到这些工作呢?

(1)本地就业的一般原则。

①要改变就业观念。有些农民就业过于怕苦、怕累、怕脏,生产性工作不愿意干,高技能工作又干不了,同样的工作在外地能接受,在本地就认为不体面,这些都需要改变。一定要树立劳动光荣、就业光荣、根据自己的能力务实地选择工种等观念。

②要认真地算一算经济和家庭这两本账。有些农民在本地就业对薪酬期望过高,待遇稍微一低就认为不如到外面划算,宁可到外面等,也不愿意在本地就业。这时,就不能只是盯在有形的那些工资上了,而要把本地的收入开支与自己到外地的收入开支综合起来算一算账,哪个能挣到更多的钱。还要把自己在本地就业对家庭带来的方便考虑进去,这样综合考虑后,再做出是否在本地就业的决定。

③要有长远的打算。在外地不容易扎根留下来,在本地则有自己离土不离乡的地缘、人缘优势等,可以通过提高自己学历、工作技能等方式在一个行业长期工作,还可以有意识地选择一些技术性的行业,学到一些技术,准备将来自己创业等。

(2)本地就业的岗位。

①如果你有一定的专业技能或者工作经验,年龄也不是太大,可以在本地各种企业或者服务业中选择适合自己技能而且待遇相对较高的一些工种,如机修工、电工、挡车工、缝纫工、检验工、剪板工、折弯工等各种操作工,以及收银员、文员、驾驶员、厂务领班、电气领班、裁剪师、厨师、面点师、配菜工、市场营销员、平面设计员、服装设计师、财会人员等。

②如果你没有什么专业技能,但是年龄不是太大,可以到一些轻工纺织、餐饮服务及其他企业、事业单位试一试以下工种,如保安员、导购员、客房计件工、客房服务员、接待员、传菜员、速递员、打包工、缝纫工、理货员、锅炉工、汽车售票员等。

③如果你既没有什么专业技能,年龄又有些大,那么就不要再过于计较工种和薪水了,可以到本地的各种企业、事业单位试一试以下工种,如仓库保管员、配送员、洗碗工、洗菜工、清洁工、厨房工、收发门卫等。

(3)在本地就业的渠道。

①通过亲戚、朋友、同学、战友等熟人之间的相互介绍。

②结合自己的工作技能和工作经验实际,到相关的企业或机构自我推荐。

③积极参加劳务现场招聘会、农村劳动力转移就业推介会等一些当地政府和部门组织的活动。

④参加当地政府或劳动部门组织的各类劳动力就业或技能培训,掌握基本技能和一技之长,并在这些机构的推荐下就业。

⑤通过合法的职业中介等公共就业服务机构推荐而实现就业。

⑥参加当地的一些专业协会或者合作社,通过这些民间组织实现就业。

⑦自己或者由别人帮助,通过网上招聘、网上求职等快捷、灵活的网络方式,实现就业。

二、农闲时节不闲农

近年来农活逐步向机械化发展,大部分农民从土地中解放出来,几乎是"一个月辛苦十一个月闲"。许多闲下来的农民,男的因无所事事走向赌桌,造成农村不少地方赌博之风盛行;妇女则是继续围着锅台转,张家长、李家短地唠嗑,虚度光阴。但是,也有许多头脑灵活的农民却是"农闲人不闲",积极发现"突破口",充分利用农闲时间,揽零工、上项目、忙充电、跑信息,一年四季没农闲,腰包越来越鼓,日子越过越红火。

故事再现

"牌友会"变身"致富会"的故事

河北内丘县李家庄原来有一个著名的"牌友会",这个"牌友会"里有十几个"会员"。前几年,每到农闲时节,这十几个村民几乎天天围凑到一家,坐在桌旁,分成几拨,有打扑克的,有打麻将的,还有聊天看热闹的,所以大家都戏称他们是"牌友会"。

可是从前年开始,这些人却又变成"致富会"。原来,这个"牌友会"里的一名叫李建成的"会员",在前年秋天,到亲戚家走亲,跟自己家的亲戚学会了简单的生黑豆苗的技术,回村后便埋头生黑豆苗。结果到年底,就挣了近2万元。这下,可让所有的"会员"都动了心,于是便有人向李建成询问生黑豆苗的事,也有人开始自己琢磨怎么致富的事。到正月大家又凑一起的时候,就有人提议,咱们凑一起别光打牌了,多想想致富的事。这一说,大家都觉得不错,这样,"牌友会"一转变就成"致富会",一到闲暇时间,这个"致富会"晚上便经常轮流到"会员"家中集会,大家你一言我一语地谈论各自的致富经验,商量着今后的致富思路。

两年来,这个"致富会"的元老会员,都利用农闲学会了致富的本领,取得了不少的收益,"会员"则是越来越多,名气也越来越大。镇里得到这个信息后,更是大力支持,赠送了一台DVD播放机,还有一部分的书籍资料和科技光盘,还经常安排驻村干部、农技服务站的技术人员以及外村的特色种植、养殖能手等人来参加并交流经验。当地政府提供了这么多便利的条件,这下"致富会"的会员劲头更足了。

故事分析

"一寸光阴一寸金",农村可以干的活很多,只要有想法,就会有作为。当农民朋友有了很多闲时间时,既可以找别的工作干,也可以像上面故事中提到的那样,多与其他农民朋友交流创业的经验。大家凑在一起,回顾总结一下致富的成绩、经验及存在的问题,找出今后的努力方向,这对今后的生产少走弯路、少犯错误无疑是大有好处的。许多已经致富的农民的经验之一就是经常在想新点子、新办法,如何引进新品种、学习新技术、争上新项目,然后脚踏实地地把"想法"变成现实。

1.哪些活可在农闲时干

农闲时节,农民可干的活非常多,总体来说可以分为以下几个方面。

(1)种养类。种养业在农村本身就有着悠久的历史和广阔的发展空间,现在许多农民仍然喜欢这些行业。在农闲时,可以利用小块的土地搞一些设施种植,如大棚温室蔬菜、食用菌等,也可以利用庭院,在室内培育蘑菇、木耳等菌种或小规模种植各类蔬菜,如韭菜、黑豆苗等。养殖类则可以在庭院内养一些猪、兔、鸡或者土元、蝎子等小型特种动物等。

(2)经营类。可以利用农闲的时间有意识地到外地走一走,看一看,找机会从小打小闹开始,试着把本地农产品运出去,同时将本地没有的产品运进来,通过异地销售,来挣些差价,没准你从此会走上商业的道路。

(3)运输类。在农闲时,可以到商业区为企事业单位或个人做一些短途或者长途的运输业务。

(4)服务类。利用自己平时的爱好或者一技之长,可以临时开展修理自行车、粉刷墙壁等简单易行的服务性业务;也可以临时当一当"货郎",卖一些水果和蔬菜,或者做一些投资小、经营简单的项目(如收废品等);还可以到附近建筑工地、企业当临时工挣钱。

(5)加工类。在农闲时,可以根据本地资源的优势,加工建筑材料,办个传统的小作坊生产豆芽、做豆腐、做咸蛋、加工鸡鸭等,妇女则还可以从事编织、刺绣、针织等工作。

2.在农闲时如何主动创造财富

"农闲时节闲不住,千方百计想致富"已成为时下农闲时节许多农民的真实写照。但对于一些农民来说,农闲虽有闲,却不知道干什么好或者怎么干。

(1)转变观念是第一要诀。市场经济是竞争经济,要想在市场经济中站稳脚跟并不断发展,就必须树立强烈的进取观念。这就要求农民朋友不仅要改变业余和农闲时间串门、唠嗑、说闲话,甚至迷恋于赌博、迷信的习惯,把心思和精力放在如何致富、如何改变自己的境况上,防止"精神懒惰",改变抱着"小富即安"打发农闲的心态。还要减少对政府和集体的依赖,放弃"等、靠、要"的思想,发挥自己的主动性,振奋精神,争取早富、长富。

(2)认清自己的优势与不足。要想农闲时在工地干活,或到工厂打短工,或者做一些小项目,都需要对自己的优势和不足有充分的认识,可能有的工作凭着吃苦耐劳的韧劲、起早贪黑的精神就行,有的则要求必须掌握一定的科技知识和技能。所以,当打算干点事情时,就要认真地把自己的长处和短处想好,找自己能干的、能干好的去作,千万不要贪大求全,或者一时头脑发热,不管自己有没有能力就盲目去做。

(3)多交流才有好想法。"好点子"可以致富,"好想法"很值钱。那么"好想法"究竟从哪里来呢?其实许多信息就在自己身边,只要农民朋友多留意一些电视、报纸、广播中的信息,多留意身边的老乡谁发了财,多留意谁有了致富路子,向这些人多问、多学、多交流,就会有好的想法。一般来说,农闲时节正是市场供应与需求的旺季,在这段时间里,农民朋友还可以主动到市场多转转、多看看、多问问,就可能找出适合自己的致富项目。

(4)好想法还要变成现实。再好的想法和点子,如果没有行动也等于零,所以好想法最后还要变成现实才会有效果。农民朋友只要有了"想法",就要立即去考察、找人请教和论证。如果切实可行,就要敢于投资、敢于承担风险,尽快付诸行动,那么致富的路子可能就在你的脚下。

三、共同合作来发展

俗话说:"单丝不成线,独木难成林。"在现代市场经济条件下,面对广阔的市场,风险越来越大,农民朋友一家一户、一个人的力量越来越有限,要想发展致富,必须联合起来。只有联合起来、共同合作,才能抵抗风险,共同走上致富之路。

合作,通俗地说,就是在现实生活中,人们为了生产或生活的某个目标而联合起来,共同行动。

我国在上世纪人民公社时期,农村的合作方式是由农民将其各自所有的生产资料(土地、较大型农具、耕畜等)投入集体所有,由集体组织农业生产经营,农民进行集体劳动,各尽所能,按劳分配的农业社会主义经济组织(即生产队、生产大队、人民公社等集体经济组织)。而现在国家提倡和支持的合作与人民公社时期传统的集体生产方式完全不同,具体的区别有以下几点。

一是合作组织原则的区别。传统的集体生产方式中,人们的组合是靠政府的行政命令,没有退出的权利,而现在经济或技术合作组织靠的是"入社自愿、退社自由",有退出的权利。

二是合作方式的区别。传统的集体生产方式中,人们的合作方式是将所有的生产资料归合作社,然后大家集体合作劳动,合作方式单一。而现在经济合作组织的合作方式多种多样,可以是劳动合作,也可以是技术合作,可以是土地入股合作,也可以是集体之间、集体与个人、个人与个人的合作等。

三是利益分配的区别。传统的集体生产方式利益分配是按劳分配及按人口分配,容易造成吃大锅饭的弊病。而现在合作组织分配方式多种多样,可以按劳分配,也可以按土地、资金等生产资料分配,还可以按协议、按个人贡献大小分配等。

在现代农业发展进入新阶段和我国加入WTO后,我国农业和农村经济发展遇到了许多新情况、新问题。从政府到农民,都迫切需要进一步转变生产经营机制,提高农民组织化程度,优化土地和劳动力资源配置,解决一家一户办不了而村集体又办不好的事情。正是在这种大的形势下,我国农村的新型合作组织大量出现,并且在农村发展、农民增收当中起到了巨大的作用。政府又出台了包括《农民专业合作社法》在内的一系列法律和政策,支持、扶持新型农村合作组织的发展,新型农村合作组织面临着前所未有的发展机遇和广阔空间。

1. 专业合作社

农民专业合作社是在农村家庭承包经营的基础上,同类农产品的生产经营者或者同类农业生产经营服务的提供者、利用者,自愿联合、民主管理的互助性经济组织。

故事再现

专业合作社助推农民致富

在江西会昌农村,有段时间农民见面流行这样一句话:"你参加合作社了吗?"这是缘于专业合作社给当地农民的生活带来了巨变,也使他们在闯市场时迎来了体制和观念的转变。

稻米卖出好价钱。农技站干部李森源牵头组建的股份合作社——森利珍米合作社,共开发了10个米类品种。生产的有机米不用化肥,不用农药,用山泉水浇灌,每亩只产100千克左右,价格却卖到每斤5元。2008年签订种植的2600亩晚稻稻谷,平均每50千克卖到115元,比普通水稻价格高20%,加工的系列大米畅销广东市场。农民曾林石因加入合作社年获利1万多元。

做股东的滋味实在好。会昌县的烟叶合作社直接与农户签约,将规划为烟叶种植区的600多亩土地,统一价位整体承租下来,再集中划块发包给种烟户。随后,合作社又将田块整体发包给3支机耕队统一翻耕起垄,还承担了统一育苗,统一采购农资、燃料的任务,避免了无序竞争,让种烟户既省钱又省力省心。社员胡典优在烟叶生产期间,每月可从合作社领到600多元的劳务工资,加上他向合作社出租责任田的收益,一个烟叶种植期下来,他可以拿到4000元以上,这比他自己耕作责任田要多出2500元左右。

(1)专业合作社的优势。

①农民认可度高。因为专业合作社是农民本着"入社自愿、退社自由"的原则自发成立的,而且,许多农民从中确实得到了好处,扩大了生产经营规模,降低了生产成本,增强了抵御市场风险的能力,所以专业合作社最接近农民的生产生活,在农民当中有着很高的认可度。

②运行机制灵活。专业合作社不仅合作的领域非常广泛,而且合作的形式也是多种多样,在管理制度上更是采取了民主管理、民主监督等民主化的管理制度,所以市场化程度高,在决策、用人、制约、分配等方面有市场经济所要求的灵活性。

③合作效果明显。专业合作社将原来局限于一家一户生产的散户集中起来,把农村有限的资源利用起来,以多种形式使农民结成共同体,将散户经营变为集约经营,实行了规模化经营,提升了农业经营效益。

(2)专业合作社的适用范围。

①主体范围。根据《农民专业合作社法》,农民专业合作社以农民为成员主体,在农民专业合作社的成员中,农民至少应当占成员总数的80%。成员总数20人以下的,可以有一个企业、事业单位或者社会团体成员;成员总数超过20人的,企业、事业单位和社会团体成员不得超过成员总数的5%。

②业务管理。《农民专业合作社法》虽未明确农民专业合作社登记为法人的具体类型,但规定由工商部门负责登记,加入的成员必须出资,出资额决定表决权。出资多的可以拥有额外表决权和更高的收益分配比例,从中可以判断农民专业合作社属于工商登记的企业法人,主要由工商部门进行管理。

③经营性质。根据《农民专业合作社法》,成立农民专业合作社的目的是开展农产品生产经营活动以获取经济利益,并按照成员出资额和交易量分配盈余,属于典型的营利性组织,直接面向市场,经营风险很高,极有可能出现亏损甚至破产。如果发生亏损,成员的财产收益会受到影响,还要承担相应的债务,而一旦破产,成员的出资将血本无归。

④资产管理。根据《农民专业合作社法》,农民专业合作社的成员出资具有股份性质,财产所有权和使用权实质上是分离的,合作社代表成员管理财产,成员拥有财产的实际所有权,一旦成员退出,合作社必须依法返还出资额等财产。

第八章 一方水土养一方人

2.专业协会

农村专业协会是在农村中按照《社会团体登记管理条例》规定登记的社会团体,会员是与农产品生产经营服务相关的单位和个人。所有收入只能用于发展事业,不能在会员中分配,不以营利为目的,属于非营利组织。这是适应农村市场经济和农村生产关系的新型组织形式,具有运作方式灵活及民间性、独立性、民主性、区域性等特征。

■ 故事再现

大余村养殖协会为农民致富搭金桥

河北迁安县李卫朝,从1998年就开始搞生猪养殖,致富后不忘乡亲,帮助和带动了本村20多名村民从事养殖事业,而且通过"能人＋协会"的形式创建了"大余养殖专业协会",发展本村及附近村130名农民成为会员。协会成立后,一是在县政府及乡政府的帮助下,多次聘请畜牧局、扶贫办、科技局、科协等部门深入农村养殖协会中,无偿为协会会员提供技术培训和咨询。通过实行建设规模标准化、饲养管理科学化、防疫制度程序化、粪便处理无害化的方法,切实加强疫病防控,努力创造安全的生产环境,保障了会员养殖的畜禽安全。二是千方百计增加会员收入,因为协会会员众多,大家经常采取统一购置原料、统一出售产品的方式,不仅减少了养殖成本,还增加了养殖产品出售的收入。同时,协会还通过和一些大的食品加工企业采取签订合同的方式,提高本地养殖业的市场稳定性,减少了市场风险。更为可观的是,养殖协会利用生物发酵技术将畜禽粪便进行无害化处理,加工生产有机肥,既净化了环境,又增加了协会会员的收入。协会为农民致富搭起了金桥,也对当地经济发展起到了极大的拉动作用。

(1)专业协会的优势和益处。

①有利于抗御市场风险。农民专业协会通过各种形式和渠道将农产品组织进入市场,将行业内的每一位成员"串联"起来,形成群体,把市场风险分解到供、产、销的每一个环节,实行利益共享,风险共担。使千家万户的小生产与千变万化的大市场实现了对接,发挥了桥梁和纽带作用,提高了农民进入市场的组织化程度,增强了农民抗御市场风险的能力。

②有利于促进农村产业结构调整。各种专业协会植根民间,长期活跃在市场和生产者之间,他们最清楚哪里适合种养什么,市场在哪里。这些专业协会面向市场,通过提供信息、技术、加工、营销等方面的服务,引进和推广适合本地条件,又具有较高经济效益的新品种、新技术,并不断传送到广大农户手中。同时,及时指导农民调整产业结构,成为结构调整的"指挥棒",有效地改变了农民原有的粗放型经营方式,促进了农业产业结构调整。

③促进农业提质增效,实现农民增收。农村的专业协会按市场需求的品种、数量和质量组织生产,提供产前、产中、产后各个环节的服务,能够积极帮助农民销售产品,合作营销,不断拓宽会员的赢利空间,有效地解决了农产品难卖和农民增收难的问题,极大地保护了农民利益,增加了农民收入。

④促进农业科技的普及推广,提高农民的科技素质和市场意识。农民专业协会多数是以科技示范户、专业户为骨干的"科技联合体",根据自身优势,结合当地生产的需求,在能人的带领下,把新技术、新品种直接、迅速、有效地传播到农民群众中,有效地促进了先进适用技术的普及推广和新产品开发。同时,在活动过程中,为农村培养了一大批懂技术、善管理、会经营的人才,提高了农民的科技文化素质和市场意识。

(2)专业协会的适用范围。

①主体范围。农村专业协会对会员资格没有限制,只要与农产品生产经营服务相关,无论单位还是个人,均可加入。

②业务管理。农村专业经济协会是社会团体,按照《社会团体登记管理条例》登记后成为社会团体法人,登记管理机关是民政部门。

③经营性质。农村专业协会是非营利组织,在依法开展活动的情况下经济风险很低,而且风险一般与会员无关。

④资产管理。农村专业协会对其来源于会员会费、社会捐赠、政府资助以及有偿服务收入等的全部财产具有所有权,会员不因缴纳会费而享有财产所有权,其财务会计制度使用财政部制定的《民间非营利组织会计制度》。

3.土地合作

近年来,国家大力鼓励土地承包经营权流转,支持发展多种规模经营。《农村土地承包法》规定农民可以以土地承包经营权进行合作生产。虽然国家对于具体的土地合作的操作没有专门的规定,但是各地都进行了不少有益的尝试,其

第八章 一方水土养一方人

中尤其以农村的土地股份合作最为普遍。

故事再现

加入土地合作社 农民个个都是股东

2012年,崇州市白头镇五星村村民经过一场激烈的讨论后,村里44户人家当场签字,宣告崇州五星土地股份合作社成立。农户以土地经营权折资入股,由职业经理科学种田,入股农民按股除本分红。因为还有很多村民有顾虑,入社到底能不能赚钱?会不会又回到大集体"挣工分"的年代?所以,入户户数不到全村总户数的十分之一。当年年底,经过结算,44户入社成员不仅按照约定赚了钱,合作社还有小盈余。"试水"成功后,"入社赚钱了"像一股风吹到五星村的每个角落。2013年,五星村全村518户的1148亩土地全部加入合作社。2013年底,加入合作社的王怀俊算了一笔账:如果算上他父母的承包地,家里一共7亩地,即使全部种上大春(水稻)作物和小春(小麦或油菜)作物,一年的收成也不过是6000斤左右的稻谷和一二千斤的小麦或油菜籽,扣除种子、肥料、农药等成本,即使碰上风调雨顺的好年景,实际的收入也只有三五千元,仅相当于外出务工一两个月的收入。加入合作社后,每亩地每年保底300斤大米(可折换人民币600元)+二次分红273元+120元的补贴,一亩地就赚到了将近1000元。他自己也可安心外出打工,一年收入4.5万至5万元,收入比以前翻了一番。"比自己种田收入高多了!"让"王怀俊"们看到了好处。2015年,五星股份合作社又通过社员自愿筹资入股的形式,206户社员入股,建立起了五星米业加工厂和烘储中心。"烘储中心的建立,不仅可以解决村民烘晒和储存的问题,平时还可以接受周边地区的烘储业务,盈利收入由村民以持股量进行分红。这样看来,今年的收入定能增加。"王怀俊信心十足。

(1)土地合作途径和形式。土地合作的途径和形式很多,小规模的可以有几户农民之间的合伙制合作,农民与企业或者集体之间的合作,或者集体与集体、集体与企业之间的合作等。但当规模较大时,由于管理及利益分配难以明确化、科学化、规范化等,一般多采取土地股份合作制的形式。土地股份合作制是指农户不再具体经营所承包的土地,而是把土地的经营权转化为长期股权,将土地的具体经营委托给合作社,农户按股从合作社获取分红收益,根据股权设置的不

同,又分为以下三种形式:

①单一以土地入股为主。入股土地原则上不作价,一般也称"土地内股外租型改革"。即单一以农民承包土地入股组建土地股份合作社,入股土地一般以统一对外租赁或发包为主,取得的收益按农户土地入股份额进行分配。

②土地作价入股,进行开发经营。农民以依法取得的农村集体建设用地使用权入股,建立土地股份合作社,由合作社开发经营经批准占用农村集体土地建设的非公益性项目,合作社开发经营获得的收益,按农民入股土地份额分配到户,保证农民正当受益。

③承包土地与社区集体资产统一入股或量化,实行股份化经营。即在社区集体资产股份合作制改革的同时,引导农户将承包土地统一入股社区股份合作社,设立土地资源股,入股土地由合作社统一经营或发包。年终分配时,土地资源股作为优先股,按收益或收益的一定比例进行优先分配。

(2)土地合作的益处。

①促进农民收入增长。农村土地股份合作实现了农民土地承包经营权与使用权的分离,维护了农民土地收益权,解决了部分农民转移就业的后顾之忧,推动农民进城务工就业,同时吸纳农民到合作社务工,增加了农民工资性收入。农民以土地承包经营权入股,实现了土地变资产、农民成股东的转变,实现了稳定的合作收益。

②提高农民组织程度。土地股份合作社通过整合土地资源,统一经营,节省成本,追求合作经营效益最大化,增强农民与合作组织紧密联结的直接动力,推进了农民的组织化。

③提高农民合作能力。农村土地股份合作社实现了土地分散经营向集约、规模、高效经营的转变,农民个体经营向集体决策、统一经营的转变,增强了农民合作组织凝聚力,提高了农民的合作能力和市场竞争力。

④增强农村经营机制活力。农村土地股份合作制发展,创新了农村土地流转与经营方式,调动了农民生产积极性,提升了农业生产经营水平,在稳定土地承包权的前提下用活了土地经营权,解决了农村土地经营不活、发展层次较低的问题,以全新的组织形式和经营机制大大提高了土地经营收益。

⑤能够有效化解历史遗留问题和现实工作中的突出矛盾。在一些地方特别是城郊结合部,由于人多地少、变化频繁,土地的权属难以明确,更难做到及时调整,由此引起的矛盾纠纷经常发生。成立土地股份合作社,将矛盾集中、难以细

分或细分后不利出租经营的土地、水面、滩涂等,采用"动账不动田"的办法,明确各农户的股份面积,落实其股权收益,这是化解矛盾、群众易接受、实践好操作的优选办法。

(3)农村土地合作的适用范围。

①主体范围。包括农民、村集体、村民小组、生产经营大户、龙头企业等。

②土地合作社的范围和区域。既可以村民小组为单位组建合作社,也可以村为单位组建或由村建立联社、各村民小组建立分社形式组建土地股份合作组织,还可打破组界、村界按土地区域布局建立土地股份合作社。

③管理方式。在坚持"民有、民管、民受益"原则的基础上,建立社员大会(或社员代表大会)、董事会和监事会等"三会"组织,并按照章程明确的权利义务和工作职能,各司其职,积极开展正常的经营活动。董事会成员必须由入股社员或社员代表民主选举产生,凡合作社的重大经营事项或经济活动,必须由入股社员民主决策,股份合作社年终财务决算和收益分配方案须报镇(区)农经管理部门审批和市主管部门备案,并经股东代表大会审议通过后执行。

④经营管理。土地股份合作社必须按照财政部、农业部颁发的农村合作经济组织财务制度、会计制度,加强财务管理和会计核算,实行民主管理、民主监督。财务收支情况和资产营运状况,必须定期向股东公布,实行社务公开。收益主要来源于土地资产的发包收益、出租收入、转让增值和其他相关的经营收入。当年收益在弥补上年度经营亏损(如果有的话)、提取公积金和风险基金后,剩余部分按股分红。

4.如何合作

下面以农民专业合作社为例,对农民朋友如何选择加入和组建合作社做简单介绍。

(1)如何选择专业合作社。

①根据自己从事的行业和发展愿望来选择合作社。如果从事种植、养殖业,可以选择此类的合作社,也可以选择科技传播或者其他行业的合作社,还可以选择土地合作社。

②尽量选择自己当地的合作社。因为自己当地的合作社具有各种地缘、人缘、业缘优势,而且在开展各种业务或者活动时也较为方便。

③选择合法的合作社。因为没有经过工商部门注册的合作社是非法的,虽

然一些地方有这种合作社在运作,但因为没有规范,你的一些权利不容易得到保障,如果受到侵害,也不容易寻求法律保护。

④尽量选择有一定规模的和成熟的合作社。因为合作社最大的优势之一就是规模,如果规模太小,在各方面的收益就相对较小。

(2)如何加入专业合作社。

①看自己够不够资格,即你必须是具有民事行为能力的公民,承认并遵守农民专业合作社章程,履行章程规定的入社手续的,可以成为农民专业合作社的成员。

②选择合作社,根据上面介绍的一些原则与经验选择适合自己的合作社。

③向合作社理事会提交书面申请表或申请书,申请表上要载明自己的一些相关情况,如年龄、身份、从事行业或者职业、履历等。

④理事会派人员调查申请人情况,并在调查后签署调查意见。

⑤合作理事会审查批准后,发给合作社社员有关证书。

⑥在合作社成员大会(代表大会)上公布新加入社员名单。

(3)如何组建专业合作社。

①遵循原则。成员以农民为主体;以服务成员为宗旨,谋求全体成员的共同利益;加入自愿、退出自由;成员地位平等,实行民主控制;盈余主要按照成员与合作社的交易量(额)比例返还。

②成立条件。一是有五名以上成员,成员是具有民事行为能力的公民,以及从事与农民专业合作社业务直接有关的生产经营活动的企业、事业单位或者社会团体。但具有管理公共事务职能的单位不得加入。二是农民至少应当占成员总数的80%。成员总数20人以下的,可以有一个企业、事业单位或者社会团体成员;成员总数超过20人的,企业、事业单位和社会团体成员不得超过成员总数的5%。三是有符合合作社法规定的章程。四是有符合合作社法规定的组织机构。五是有符合法律、行政法规规定的名称和章程确定的住所。六是有符合章程规定的成员出资。成员要有一定数量的土地使用权、资金、技术、管理、设备等生产力要件。成员可持现金入股或以生产力要素折股。

③组建办法和程序。

一是明确发起人。发起人就是发起并创办农民专业合作社的创始人。在合作社组建的准备阶段,绝大部分工作要由发起人来做。发起人应具备以下条件:坚持党的路线、方针、政策,政治思想素质较好;在本行业或本地区内有较大的影响力,一般为从事同类或相关农产品生产经营的专业大户;具有完全民事行为能力。

二是进行可行性分析论证。可行性分析论证是组建专业合作社的基础性工作。发起人要对本地区、本行业农民群众及其经济组织对组建专业合作社的认识程度与合作需求状况、合作的重要性与必要性、专业生产经营的现状、市场前景与发展形势、竞争能力与竞争对手等多方面的情况进行认真调查研究和分析论证,确定要组建的合作社的活动和经营范围。

三是起草章程。农民专业合作社章程是为了规范农村专业合作经济组织内部关系,统一开展生产经营活动的原则和办事程序而制定的规程,章程的制定是一项非常重要的工作。章程起草由发起人负责,可参照各个省制定的农民专业合作社章程蓝本,并根本自己实际情况,充分体现合作的基本原则起草章程。

四是吸引成员。本着自愿的原则,在本地区或本行业,凡是承认本专业合作社章程,个人提出申请,交纳加入组织的股金或组织费的生产经营农户和农业生产经营组织,都可以成为本专业合作社成员。

五是召开设立大会。设立农民合作社应当召开由全体设立人参加的设立大会,行使下列职权:通过本社章程,章程应当由全体设立人一致通过;选举产生理事长或者理事会、执行监事或者监事会;审议其他重大事项。

六是审查确认。在登记前,由县以上农民专业合作组织业务主管部门进行审查确认。农民专业合作社应向审查确认机关提出成立申请书、全体设立人签名盖章的设立大会纪要、章程、法定代表人的身份证明、出资成员盖章的出资清算。

七是注册登记。经县级以上业务主管部门审查确认后,携带相关资料到相关部门登记,非营利性的合作社到民政部门登记,营利性的合作社到工商部门登记。经审核登记的专业合作社具有独立的法人地位。

四、人弱志坚能致富

在农村,有许多的农民因为先天性疾病,或后天的事故、疾病等,成了残疾人,还有一些人因为身弱多病,丧失了正常人所具有的一些劳动能力。这些劳动能力弱的人虽然给自己和家庭带来很多的苦恼,但是他们之中有许多人抱定珍视生命、自强不息的强大信念,在逆境中顽强奋斗,靠自己的毅力和努力实现了自食其力,甚至还为社会做出了健康人所无法做出的贡献。

1. 劳动能力较弱的农民群体的就业特点

(1)就业困难较大。在就业压力日趋增加的社会现实下,农民打工就业难,由于残疾人身体因素的制约和外在的障碍(例如社会对残疾人就业的歧视性态度、残疾人接受教育和培训机会的不平等、残疾人就业信息不灵等因素),因此身有残疾的农民打工就业更难。这是无可争辩的事实,虽然国家和有关部门出台了一系列的措施来应对,但这个趋势仍然难以缓解。

(2)就业稳定性差。弱劳动能力的农民尤其是残疾农民群体就业难的问题,是一个长期以来难以解决的问题,许多残疾人都是临时就业,更有许多残疾人经过多次择业,又多次失业,多年均未能实现稳定就业。

(3)就业范围较窄。弱劳动能力的农民的职业选择和工作类型要受其劳动能力大小约束,加上文化水平和技能偏低,难以适应劳动力市场的需要,就业范围显得更狭窄。

2. 如何扬长避短寻找适合自己的活计

在农村,劳动能力较弱的群体要实现就业,与正常的农民比起来确实有许多的困难和不足,但是这并不等于就业的大门向他们关闭了,他们还是可以利用自己的一些特长,扬长避短,找到适合自己的工作岗位。

聋哑人的创业之路

河北遵化县1974年出生的农民李冬生,在读初中的时候因患病吃错了草药变成了聋哑人,后来便辍学在家。15岁的时候,有一次,他跑到本村一家无线电修理店,看师傅修理电器,产生了兴趣。开始经常在那里一站一整天,师傅是同村人,也任他看,终于有一天,他比划着手势,要看一看桌上的万能表,好心的师傅便拿给了他。他马上跑回家,把家里的一台旧半导体收音机拆了下来,用万能表东测测,西量量,然后拆了又装,装了又拆,一连忙了几天。

可是毕竟他没学习相关专业知识,没办法搞懂,于是他又找修理师傅借来一些无线电技术之类的书翻看,还到邻居家、亲戚家到处找一些废品电器没日没夜

第八章 一方水土养一方人

地拆装。这样的日子一直过了两年,有一次,一位村民的收音机坏了,他抱着试试看的态度,叫李冬生修理,不一会工夫,李冬生就把收音机修好了,大伙都觉得不可思议。其他人也抱着试试看的态度,把家里坏了的收音机、录音机等电器送到他家里。一件件电器被他修好之后,人们不得不相信,他虽然不能说话,但真的会修理各种家用电器。

有了一些经验后,在20岁那年,李冬生央求家人借钱帮他在家乡的小镇上开了一家电器修理店。因为他的技术不错,而且收费便宜,服务态度也好,所以请他修电器的人越来越多,他很快就还清了债,还帮助家庭改善了生活。

■ 故事分析

人有疾病或者残疾并不可怕,可怕的是自暴自弃,放弃了努力和对生活的追求。生活中有许多像李冬生这样的残疾人,甚至比他的情况还差,完全可以根据自己和社会的需要,经过自己的选择和实践,自食其力,甚至做出一些正常人所不能做出的成绩。

■ 实用妙招

(1)残疾人具有功能补偿的机制,就是老百姓所说的"耳聋的眼睛好使、脚残的手灵巧"等。所以,可以肯定的是,残疾人完全可以扬长避短,在合适的岗位上做出其应有的贡献。

(2)残疾人勇于立志,有身残志不残的决心,在生活中,充分发挥自己的长处,通过长期的刻苦学习和实践,掌握生存的本领和工作的技能,这样就有了就业或者致富的资本。

(3)残疾人由于自身的不足,在生产或者生活中,不可避免地要遇到常人所不能想象的困难和挫折。这时候就需要有积极进取的精神和顽强的意志,想尽一切办法去克服困难并坚持下来,才会有可能成功。

(4)要学会寻求帮助。我国颁布的《残疾人保障法》《残疾人教育条例》等法律、法规在一定程度上保障了残疾人的各种权益,而且各地残联、民政等有关部门对残疾人或者弱劳动能力的人都有一些扶助政策。当在就业、创业过程中遇到困难时,可以到这些地方寻求帮助,当在就业、创业中受到歧视或者合法权利受到侵害时，也可以到地方政府或以上部门寻求支持和保护。

3. 劳动能力较弱的农民群体可以干的活计有哪些

劳动能力较弱的农民在选择工作时，主要是根据自己的身体状况、文化程度、劳动技能来选择力所能及的工作；还可以根据当地产业情况，选择与产业相关的一些辅助性的工作；也可以根据当地政府或有关部门的优惠政策选择自己的工作。具体来说，劳动能力较弱的农民群体可以从事的活计有以下几方面：

（1）简单的手工类。如糊纸钱、织毛衣、扎风筝、敲石子和其他一些临时雇用等，还可以组织起来做一些企业的辅助性工作，如帮一些生产企业贴商标、看车、打扫卫生、帮酒类、饮料类企业洗瓶子。下肢不便的人可以找一些完全依靠坐姿的工作，如售票、钉鞋、收银员等，盲人可以接听电话，聋哑人可以从事洗衣等工作。

（2）较复杂的手工类。这些可以通过跟人当学徒、自己参加培训班、参加政府的免费培训等学得一些技能，再行就业。如盲人可以学习盲人按摩再就业，聋哑人经培训后可以从事打字、校对工作，而下肢不便的人可以学习刻章、服装剪裁、电器维修等，还可以通过培训参加平面设计、网络管理、网页设计、动漫制作等工作，甚至是自己开网上商店。

（3）自己创业。残疾人根据自身特点，开展一些力所能及的种植业、养殖业创业活动，如在庭院中种植一些药材，或者搞一些小规模的花鸟虫鱼种养等。凡符合法律和政策规定的，国家对于残疾人兴办经济实体和从事个体经营在工商和税收等方面都有一些优惠，所以也可以利用这个优势，搞一些成本较小的小型商业店铺，如服装店、小百货店、图书出租店、彩票销售点、小饰品店、小食品店等。当然，如果有更大的能力，可以把当地的一些残疾人或者劳动能力较弱的农民组织起来，试着开一家以手工产品为主的小型加工厂，也可以享受以上优惠，并且在资金上面也有一些优惠。这方面可以找地方政府及残联、民政、金融等部门咨询。

第九章
进城务工改变命运

"金窝银窝,不如家乡的土窝","美不美家乡水,亲不亲家乡人"。我国农民历来都有热爱家乡、不轻易远走他乡的传统习惯,许多人认为背井离乡、外出谋生是在家乡无法活下去时万不得已的选择。其实,随着经济和社会的发展,在当前我国现代化、城市化飞速发展的形势下,离乡离土、进城务工已经成为一种潮流,许多农民朋友,特别是青年农民朋友把它作为改变自身命运、改善自己生活的机会,希望能创造出一番成就来。

一、打有准备之仗

俗话说"不打无准备之仗",我们做任何事都需要提前做一些准备,而且准备越充分越好。如果农民朋友决定要离开家乡到城市里闯荡一番,那么需要做些什么准备呢?

1. 心理准备须做好

外出打工,首先要有心理上的准备,如果心理上缺乏必要的准备,往往难以应付在打工过程中的各种突发、复杂的事情。打工的心理准备主要包括以下几方面。

(1)心中要有目标。在进城打工前,一定要有目标,也就是我们常说的心中有数,对要去的城市应有个大致的了解,去了做什么?自己能做什么?能不能找到工作?一时找不到工作咋办?这些问题都要提前想到。尤其是自己进城打工要做什么、能做什么,这是最重要的。千万不要靠碰运气,在能否找到工作还是个未知数的情况下,就盲目地背起行囊进城,那样不仅难找到工作,还容易浪费自身的钱财,甚至容易上当受骗。

(2)要有吃苦受累的心理准备。进城前,在想着热热闹闹的城市生活和期待自己有一番作为的同时,还要想到各种艰难困苦的处境,如找不到工作时的焦虑,找到工作后机械繁重的劳作、被拖欠工资、受到歧视和一些意外打击等。这些都需要农民朋友做好吃苦耐劳、承受艰难生活磨练的准备。

(3)要有"入乡随俗"的心理准备。农村和城市在工作、生活等方面都存在着很大的差别,到了城市,不仅需要面对新的工作,学习新的本领,城里人的生活方式、礼仪风俗及规章制度也需要我们去了解和适应,这也就是常说的入乡随俗。进城后,只有虚心学习现代城市文明,尽快适应城市生活,更好地融入城市,更好地在城市里工作、生活和学习。

(4)要有自我保护和防范的心理准备。其实,不论在城市还是在农村,也无论社会治安如何,农民朋友都要加强自我保护意识,需要有防范的心理准备,防止因为盲目、轻信等受到工伤、事故、欺骗、被盗、被抢等意外伤害,给自己和家庭带来痛苦。

2.技能准备很重要

对每一个想在城市里找到工作的人来说,技能的重要性是不言而喻的。城市里好的工作岗位,大都要求从业人员具有较高的文化水平和必要的职业技能。就业的难易、报酬的高低都与掌握的技能有关。

(1)常见的各种技能。在城市里打工时,每一项工作都有其特定的技能和要求,常见的有木工、瓦工、钳工、管工、电工、车工等生产领域的技术,也包括厨师、理发等服务业技术,汽车驾驶、计算机操作、家电修理、裱糊字画、雕刻等一技之长,还有家政服务、商品推销、保安人员、清洁工、洗衣工、搬运工等相对简单的工作技能。

(2)如何才能获得技能。

①学习传统技艺,要善于发现和利用乡村民间传统工艺和传统产品的价值,这可以使自己掌握一技之长,有助于就业。

②向有经验、有技术的同乡、同学、朋友等人,尤其是当地曾经进城务工而且比较成功的人学习,拜他们为师。他们知道什么样的技术在城镇是最需要的,学习他们的一些技术和经验往往是最有效率的。

③参加职业学校的培训。这是获得一技之长的最重要的途径。可以从各种各样的职业技术学校或技术培训机构,有针对性地选择学习计算机、修理、美容、

烹饪、服装、销售等技术。参加职业技术培训不仅能学到技能,还可以获得一些就业信息。

3.其他准备要充分

进城打工只有以上准备是远远不够的,还需要有基本条件、手续准备、物质准备等其他各种准备。虽然各种准备不可能完全做到,但是越充分越好。

(1)基本条件。

①要达到法定年龄,即年满18周岁。未满18周岁、年满16周岁的未成年劳动者,根据《中华人民共和国未成年人保护法》第二十八条规定:任何组织和个人依照国家有关规定招收已满16周岁、未满18周岁的未成年工,应当在工种、劳动时间、劳动强度和保护措施方面执行国家有关规定,不得安排他们从事过重、有毒、有害的劳动或者危险作业。任何组织和个人不得招用未满16周岁的未成年人,国家另有规定的除外。

②要有健康的身体,没有慢性病、精神病或者家族遗传性的病症,比如癫痫、高血压、糖尿病等。没有一个健康的身体,绝大部分的工作是无法胜任的,而且在求职过程中也不容易成功,更重要的是,城市中的医疗费用要高出农村很多,一旦生病,反而会给自己造成巨大的负担。

③具备一定的文化水平。不识字的农民去城市打工,不但难找工作,还会在日常生活中遇到很多困难,并且容易上当受骗。

(2)手续准备。

①有效居民身份证。

②16周岁至49周岁的育龄妇女,还须办理《流动人口婚育证明》。

③毕业证或学历证明。

④能证明自己特殊身份的证件,如转业军人证、复员军人证等。

⑤如果想在宾馆、饭店等单位找工作,最好能够带上卫生防疫部门颁发的健康合格证。

⑥暂住证。到达务工地点,找到了工作,有些地方还需要到当地公安部门办理暂住证。暂住证可以由务工人员所在单位或雇主统一办理,也可以由本人携带身份证直接办理。

⑦在外出之前,最好带一些1寸和2寸的免冠照片,以备进城之后办理一些必要证件时使用。

(3)物质准备。

①要有一定的资金。如来回旅程所需费用和一个月左右的生活费,如果资金准备不足,一旦遇到困难就难以克服。

②简单的生活用品和用具。

③常用的工具。有一定技艺的打工者,一般要自带常用的工具。

④文化娱乐用品。随身带少量的业务参考书、工具书以及一本地图册是必要的,有兴趣的还可以带上一些娱乐用品。

二、做有章法之事

"战士打仗要懂兵法,农民进城则要懂章法。"农民进城打工要想在城市里站稳脚跟、赚钱致富,就要主动地掌握一定的知识和城市的规范和制度。比如要知道如何在城市里生活,如何在城市里与人交往,如何在城市里找工作,如何在城市里做生意,如何在城市里防止受骗上当等。再根据自己的特点认真地谋划争取,最后彻底改变自身的命运。

1. 在城市找到工作的途径有哪些

(1)通过亲戚朋友介绍。亲戚、朋友、同乡之间知根知底,通过介绍到他们务工的单位工作,比较简便、可靠。此外,尤其要注意的是,对不太熟悉的人或陌生人要小心,因为许多人贩子或有不良企图的坏人,往往会利用你急于务工挣钱的心态,骗你误入歧途。

(2)由包工头带出。这种方式对于务工者比较直接,省去自己找工作的麻烦。容易产生的问题是劳动关系不规范,多是口头协议,没有正式的劳动合同。一旦发生劳动纠纷,务工者缺乏证据,权益会受到损害。

(3)个人外出找临时性的工作。这种方式的好处是比较自由,但是盲目性大,成功率低,风险也较大。要求本人的心理、生理素质好,有一定的生活经验和文化水平,具有一技之长。

(4)培训单位推荐。到正规培训单位去参加技术培训,培训结束后,由培训单位直接推荐到用工企业就业。在一定时间内,培训单位有责任跟踪服务,为务工者解决工作中遇到的实际问题。

(5)参加政府部门组织的劳务输出。这种方式比较稳妥,主要是信息真实可靠,管理规范,工资待遇有保障。

第九章 进城务工改变命运

(6)找职业中介机构。城市里设有专门的职业介绍机构,一般叫"职业介绍中心"或"职业介绍所",也有叫"劳动力市场"的。可以到地方劳动保障部门、人事部门主管的公益性职业介绍机构介绍就业,这种方式费用少、风险小、保障高。也可以到营利性职业介绍机构介绍就业,这种机构经营灵活,效率较高,但普遍规模较小,收费较高,风险也相对大些。

(7)通过报纸、刊物、广播、电视、网络等途径来获得信息。现在许多报刊都有专门刊登就业信息的版面,可以很容易找到相关的务工信息,了解用工信息后,自行到用人单位去应聘。由于这些信息来源复杂,使用这些信息时要注意筛选,避免上当受骗。

2. 找工作如何防止上当受骗

有些骗子或黑中介,甚至是一些用工单位,利用进城务工农民急于找工作的心理,花言巧语骗你,说是能找到工资高、条件好的工作,然后收取定金、介绍费、手续费、好处费,或者骗取农民的劳动等。这些劳务诈骗的手段层出不穷,花样百出,因此,在进城找工作时,一定要学会如何防止上当受骗。

(1)常见的劳务诈骗形式。

①"双簧"式诈骗。黑中介、骗子公司、皮包公司联手,以推荐工作为名收取体检费、服装费、押金等各种费用,最后编织种种理由拒绝安排上岗或中途辞退。两家或者多家公司互相推荐求职者,他们实为同一老板,狼狈为奸。

②"捉迷藏"式诈骗。一些劳务中介将招聘摊位摆在醒目地点,再挂出条件诱人的招聘启事吸引求职人员。但当求职人员交纳一定的服务费后,中介人员便称宣传的职位已满,并承诺尽快联系合适的单位,让应聘者留下联系方式。实际上,这些中介公司根本不会兑现承诺,当求职人员再次询问时,他们会寻找各种借口敷衍了事。

③"流窜"式诈骗。此类诈骗活动主要集中在车站或者外来劳务工作流动量大的地段。骗子租用酒店、招待所或是写字楼,打着虚假单位的招牌,在人员流动量大的热闹地段租赁临时办公地点,贴出有丰厚待遇的招聘启事,大张旗鼓进行招聘,在骗得多人交纳的报名费后即携款逃跑。这些骗子是"打一枪换一个地方",连他们用的姓名都是假的,几乎没办法找到他们。

④"网络"式诈骗。近几年,网络招聘已成为越来越多的求职者优先考虑的求职途径,一些网络骗子乘虚而入,编织诱人的待遇条件,设下陷阱,骗取金钱。

⑤"找关系"式诈骗。一些骗子专门向外地求职者下手,谎称自己与某单位领导是亲戚或朋友,可以为其找工作打通关系,骗取求职者走"后门"的费用。

⑥"培训"式诈骗。一些非法培训机构、美容美发店、桑拿按摩中心,以培训并安排工作为名,收取几百元甚至是几千元不等的培训费用,拿到钱款后就携款潜逃。

⑦"存钱"式诈骗。以每月2万元到3万元薪水为诱饵,招聘俊男靓女,诱骗求职者先以保证金的方式把钱存入指定的账户,之后通过银行卡把钱取走。

(2)如何防止劳务诈骗。

①不要急于求成。一定对雇用方情况比如单位规模、工作要求、工作条件、工作待遇等做深入的了解之后,再认真选择。在求职时要善于和敢于表达自己的要求和条件,也就是讨价还价,但是要注意那种超出正常的"高薪工作"陷阱。

②不要轻信街头小广告。这些小广告往往打着直招、急招的名义,表示面试通过就可以直接上班。这类小广告大多是由非法中介机构张贴的,农民朋友对这类小广告要慎之又慎,千万要警惕。

③求助于有经验者。进城找工作最好与有打工经验的同乡结伴或求教于他们,这样可以少走弯路、不受骗。到了单位后要及时办理工作证、暂住证等,拿到合法的证件,以方便生活和工作。

④注意签订劳动合同。与雇用方谈好条件后,一定要签订书面劳务合同,办理相关手续,以利于到必要的时候拿出有效证据维护自己的合法权益。要注意的是,一些企业会事先起草好劳动合同,合同中写明有"工人在生产过程中注意安全,出现安全事故厂方不负任何责任"等条款,这类"生死合同"一定不要签。

⑤找工作时,人才市场周边人流密集,对无事献殷勤的陌生人,一定不要理会。在填写个人资料时,还要防止不法分子偷看或者用手机偷拍窃取信息,然后冒充求职者所应聘的单位打电话,以交各类押金为由,骗取求职者财物。更不要随意将本人的证件特别是身份证交给别人。

⑥要敢于说不。在无法判断中介机构是否合法的情况下,应把握一个很重要的原则,那就是拒绝违法的收费项目。当到工作地点后,发现对方所承诺的条件或讲述的工作环境与实际不符时,要敢于拒绝对方的工作要求。

(3)感觉上当受骗之后怎么办。

①注意保留证据并及时报警。

②向雇用单位的上级主管部门或当地劳动保障部门反映。

③聘请律师,通过法律手段解决。

④拨打全国人力资源和社会保障公益服务号码12333举报。

⑤上当受骗之后,如果钱花光了,身边又没有亲戚、朋友和老乡,可以找当地的救助站。找救助站的方法是:找警察、城管人员或打110巡警电话,说明自己的姓名、身份和遇到的困难,请求帮助。他们会告诉你怎么找到就近的救助站。但救助站只是救急的场所,并不提供工作机会,所以不能解决根本问题。

3.掌握找工作的技巧

在农民朋友进城打工过程中有一些怪现象:有很多有做事能力的人长时间找不到工作,而一些明显不如他们的人反而很快找到了工作。其实,这是因为前者在找工作过程中缺少正确的方法和一定的技巧。

(1)学会剖析自己。找工作之前,必须先对自己有全面的认识,要通过对自己进行认真的剖析,了解自己拥有哪些知识和技能、自己的性格、爱好以及身体状况等,知道自己适合做哪方面的工作,不适合做哪方面的工作之后,才能去找工作和选择工作。最重要的是,找工作时不能眼高手低,明明自己不能做的工作却偏要做,结果必然是被拒之门外。

(2)熟悉要选择的职业和行业。就是说你想做什么,最好就要熟悉什么,哪怕你从没做过,至少要先了解职业岗位的工作内容、工作性质、薪资以及对从业者素质的要求等。这些知识可以向亲朋好友中做过相关工作的人请教或者通过查阅相关资料获得,也可以向从事这方面工作的其他人请教。

(3)学会自我推荐。在对自己和工作有所了解的基础上,就可以开始进入求职的过程了。求职的过程通常包含获得有效的工作信息、应聘面试、签约等主要环节。首先要对通过广播、报刊、劳动中介机构、招聘会等得到的各种就业信息进行分类整理、辨别真伪,挑选出适合自己的信息。然后通过这些信息应聘和面试。面试时,对方会向你提出一些问题,根据你的回答和对你的印象决定是否录用。此时一定要将应聘单位的情况、要应聘工作的性质和特点、个人的基本情况等主要的准备工作做好,最好能看一些介绍面试礼仪、技巧之类的书,掌握一些基本的礼仪和回答问题的方式,争取能够面试成功。最后就是签约,此时要对相关的条款认真地阅读,搞清后再签字。总之,找工作时要围绕"自己真正有能力做好这份工作、自己提出的要求也十分合理"这个中心来推销自己,让对方认可并录用你。

(4)尽量不要先离职。这是进城打工时要重视的问题,除非存在企业因经营不善而倒闭、同事关系紧张、工作环境恶劣、被老板解雇等因素,否则不能轻易先辞职。当你下定决心要辞职前,先盘问一下自己:如果离职了,自己能不能及时重新找到工作,少则一个月,多则半年;没有工作的日子,能不能在这个城市里生活下去;自己家庭的日常支出能不能正常维持,等等。

4.适合你的工作有哪些

如何找到一份适合自己的工作,并且尽快适应新工作,是每一个进城打工的农民朋友最为关心的问题。其实,这个问题要分两方面来看,首先要知道自己能做什么工作,其次是了解想做的工作有什么要求,这样才能知道哪些工作是适合自己的。

(1)你能做哪些工作。这就要认真地对自己盘算一下,问几个问题才能有答案。一是你有哪些手艺或者一技之长,知道这个就可以选择能够发挥自己特长的打工工种。二是你的文化水平如何。因为一般情况下,用工单位对打工者的文化水平有一定的要求。三是你的普通话讲得怎样。外出打工,尤其是跨省打工,语言障碍必须克服,如果你只会说家乡话,到打工地后可能很难与人沟通。四是你参加过哪些职业培训或者就业训练。有一些就业单位对这个经历很看重,有了这个你可以更好地找工作。

(2)各种工作的基本要求。一般来讲,进城打工的行业主要集中在建筑、餐饮、服装加工、食品加工、电子装配、电子加工、矿山、家庭服务、商品零售等行业。具体到一些职业还有更为具体的要求。下面列举一些常见行业的用工要求。

①建筑行业。掌握了安装、照明、木工、瓦工、架工等技术的人员可到建筑工地做一些技术要求较高的工作,而无任何技术的普通民工,只能到建筑工地做挖掘、搬运、清理等体力劳动。

②装饰装修行业。装饰装修技术是一门专门技术,自己干需要全面掌握木器加工、管线布置、地板铺设、色彩搭配、装饰美学等知识。加入装修队或加盟装修公司,则至少应掌握以上所列技术中的一门。更为重要的是,从事装饰装修需要很好的耐心和精细的头脑,否则,稍一马虎,就会误工损料,而且损失一般由自己承担。

③餐饮行业。餐饮属于服务业,要求从业者有良好的修养,能够做到热情、礼貌、服饰整洁,并养成良好的卫生习惯。尤为重要的是,从事这类服务的人员

应身体健康,不能有任何可能传染他人的疾病。在餐饮部门打工可分两类,一类是厨师及厨师助手,包括采购等,一般为男性,要求掌握相关的技术,有的还要求有相关的证书;另一类是柜台服务员、迎宾和杂工等,多为女性,一般没有专门的技术要求。

④加工行业。加工业中较常见的是电子、服装鞋帽、皮革、食品、玩具加工等。到加工行业打工,基本上都要经过专门培训,掌握相关的生产线工艺;而且在这些行业中打工的人还要有组织纪律性,遵守工厂纪律和操作规程,因为一个小小的失误,很有可能导致整条生产线暂时停顿,从而造成巨大损失。如果准备到食品和玩具加工企业打工,必须身体健康,无任何传染病,而且应有良好的卫生习惯。

⑤家政服务业。家庭服务的工作主要是照顾老人、病人、孩子以及操持家庭,室内用具清洗、卫生保洁、水电安装、管道疏通、搬家等。一般需要耐心、细致、整洁,而且一定要诚实,还要求懂得城市家庭生活的基本常识,并掌握必要的人际交往技巧。

⑥安全保卫行业。保安主要在大公司、居民小区、商场、娱乐场所等地工作,一般要求有较好的体格和视力、五官端正、仪表整洁、无纹身及犯罪记录的男性。因工作的主要内容是保护用工单位的财产安全和正常的工作秩序,所以一般还要求从业者有很强的责任心和纪律性,而且要求经过着装、纪律、搏击等专门的培训。大多数用工单位还要求应试者提供相应的培训结业证书或其他专业证书。

三、成不可缺之人

找到了一份适合自己的工作,自己对新工作也适应了,接下来能不能在工作中不断提升自己,发展自我并成为企业或者公司不可或缺的人,争取更好的待遇和更高的报酬,可能会是所有正在城市工作的打工者最为关心的一个问题。跟找到一份工作相比,要达到这个目标也许需要付出更多的辛苦和努力。但是,如果能更多地掌握这些方面的技巧,知道在职场中应该怎样努力,那么,你的工作和将来的生活将会更加顺利和更有前途。

故事再现

不断提高自己，离成功就不远了

2003年，已为人妻的李小艳看到村里一部分人靠打工致富，回家修起了小洋楼，自己也有些心动了。经与家人商量，她将已经2岁的女儿交给婆婆和公公，然后踏上了南下广东的打工之路。

几经辗转后她来到了深圳，此时，身上的钱已所剩无几，仅有高中文凭的她，只好选择到一家电子厂当普工，工作是将电子产品装箱，工资按件计算。

这份工作非常辛苦，工资也不高。但李小艳十分珍惜，总是向熟练工请教。第一个月下来，她竟然挣了800多元，比一般人的收入多了200多元。但二个月后，她做出了一个大胆的举动，将自己两个月挣到的工资全部拿出来上电脑培训班。她白天上班，晚上就抽时间去学习电脑。

半年后，恰逢厂办公室一名文员突然辞职，厂里急招一名文员。有同事知道后要李小艳去试试，李小艳凭借过硬的电脑操作知识，轻松地通过厂里的考试，进入了办公室工作。一段时间后，她再次做出一个大胆的举动，将自己积攒的几千元工资拿出来上夜大。白天，她认真工作，晚上，则拖着疲惫的身体去上课。就这样，通过工作之余的不断学习，三年后，她不仅拿到了大专文凭，还拿到了市场营销资格证书。这时，厂里对她更加重视，提拔她当了总经理助理，工资涨到了月薪3000元。

从最初出来打工时的茫茫无助，到后来工资的提高和工作环境的改变，一路走来，她感叹不已："在外打工，要吃得苦，不断提高自己、改变自己，这样离成功就不远了。"

故事分析

在漫漫的打工生涯中，也许你远离家乡、远离亲朋，独自一个人默默地忍受着超强的体力付出、工作环境的恶劣、内心的孤独煎熬，忍受着思念亲友爱人的痛苦，忍受着同事的排挤甚至老板的责骂。但是，假如你的目标不只是为了打工混口饭吃，而是有更高的目标，只要你留意、用心、敬业，注意想办法提升自己的能力，你绝对会有重大的收获。你不仅会成为所在企业、公司不可或缺的人才，

第九章　进城务工改变命运

而且还可以在金钱上得到自己创业的"第一桶金",学到今后创业所必需的宝贵的经验和技术。

实用妙招

打工获得提升和超越的秘诀

(1)边工作边"充电"。这是最基本也是最现实的招数,边工作边"充电"也就是边工作边学习。这就要求农民朋友在打工的时候,要多用心,注意学习和总结工作中的方法和经验,以及企业的管理人员做事的方法和经验。在其他业余时间,要抓紧时间学习与工作相关或者自己将来希望从事行业的知识,或者通过请教别人、外出听课等方式提高自己。

(2)考取职业资格证书。职业资格证书是经政府认定,表明劳动者具备从事某种职业所必备的专门知识和技能的证明,是劳动者求职、任职和用人单位录用劳动者的主要依据。农民朋友在工作之余,不妨根据自己的工作需要和爱好,通过自学或者选择国家劳动服务部门开展的相关培训,考取相应工种和等级的《职业资格证书》。具体的一些申请和考核事项可以到当地政府或者劳动保障部门咨询。

(3)参加职业技术培训。随着我国经济的发展,对既能动脑又能动手的复合型技能人才的需求不断增长。目前,大量的新职业、新技术岗位严重缺人,许多企业对技术人才开出的待遇很高。所以,在外打工的农民朋友要看清形势,着力提高自己的知识技能,可以通过参加在岗培训或者业余培训等,努力使自己成为一名类似电子商务员、多媒体作品制作员、计算机程序设计员、计算机网络技术人员、网页设计与制作员、数码影像技术人员、工业产品造型设计员、集成电路版图设计员、室内装饰设计员、首饰设计员、印前制作人员等企业急需的技术人才,这也是一个"钱途无量"的选择。

(4)获得更高学历。有没有学历以及学历层次的差别对找工作时的影响是谁都明白的。如果你只是一名初中或者高中毕业生,能通过学习获得更高的学历,那么在以后的求职和就业中自然就会拥有更多的优势。

如果你想自学的话,可以参加高等教育自学考试。高等教育自学考试是我国高等教育的重要组成部分,毕业生享有与普通高校同类毕业生相同的待遇,而

农民创业宝典

且有许多科目可以选择,在当地的教育部门报名。这种考试最高可以拿到本科学历。

如果你有更多的时间并拥有高中学历,还可以参加成人高考,成人高考属国民教育系列,列入国家招生计划,国家承认学历。成人高等学历教育分为三种:专科起点升本科、高中起点升本科和高中起点升专科(高职)。授课方式大体分为脱产、业余及函授三种形式,你可以根据自身的情况来选择适合自己的学习形式。

如果你能通过以上考试并获得更高的学历,还可以继续参加研究生的学习并获得相关学历和学位。当然,选择什么样的途径要根据自己的条件和工作情况,具体的报名与考试事项可以咨询当地教育部门。

第十章 返乡创业振兴家乡

"树高千尺、叶落归根",从古至今,漂泊在外谋生发展的人,无论自己的家乡多么贫穷落后,也总是无时无刻不在思念着自己的故里。人们高兴时最先想到的是家乡,在苦闷困惑时也最容易想家,许多外出打工谋求发展的农民朋友更是向往着有朝一日能回到故乡,不再到处奔波。其实,随着我国新农村建设的推进和对农村各项扶持政策的出台,许多地方的农村正在发生着翻天覆地的变化,农村发展的空间也越来越大。你在城市事业有成了,可以回到家乡兴办企业;同样,你在城市的发展遇到了困难,回乡发展也可能就会走出低谷。

一、情系家乡,心牵父老

悠悠家乡情,绵绵家乡意。家乡是养育我们的地方,家乡的恩赐我们永远都不能忘怀,每一位农民朋友都有责任有义务通过自己的勤劳努力报效自己的家乡。那些远走他乡的农民朋友,不管是否有所成就,不妨回头看看自己的家乡,那里可能需要自己贡献力量,可能有更广阔的发展空间。

1. 家乡人,家乡情

许多因各种原因离开家乡在外拼搏的农民朋友,都有着很深的家乡情节,都希望自己的家乡变得更加美好,每一位乡亲都过上富裕幸福的生活。更有许多农民朋友在外取得一些成绩后,回家乡发展,以自己的勤劳和智慧,带领家乡人们走向致富道路。

■ 故事再现

富了不忘回报家乡

  山东农民李桂华的家曾经贫困潦倒,母亲体弱多病,两个小孩在念书,为给母亲治病还欠下了1万多元债务。一次偶然的机会,远房表哥来串门,说去沈阳的木板厂打工很挣钱。于是,2000年春节刚过,他便去了表哥所在的木板厂打工。由于他干活肯卖力气,和同事处得好,工作任劳任怨,故得到了老板的赏识。两年下来,除去吃喝用,自己纯挣了4万多元!

  第三年,表哥自己开了一个木板厂,拉他入伙,他见木板厂确实有钱赚,便将所有的钱都投进去了,年底时他拿到了8万元的分红。这时他想:家乡人多地少,何不带领乡亲们来这里打工?于是趁着回家过春节,他带了50多人去了沈阳,自己厂里安排了30多人,去的人当年年都纯挣万元以上。

  李桂华富了,却惦记着家乡。他在想:能不能回去搞一个小型的细木工板厂,带领更多的乡亲们致富呢?且家乡的各方面条件都适合办厂。于是,他从表哥那撤出股份,带着自己攒的20多万元钱回到了自己村里。

  2005年3月,李桂华的大华木业板厂开工了,经过苦心经营,木板厂很快发展起来,购销两旺,并且有了资金积累,他顺势扩大了生产规模,安排了100多名农民就业。在他的带动下,一些在外地创业的人纷纷回来投资办厂,安置镇内外近万名农民就业。2007年至2008年,李桂华又为家乡捐资近100万元用于公益事业。有记者采访时,他说:"我是从贫困中走出来的,深知贫困的滋味。我现在富了,理应回报家乡的父老乡亲。"

■ 故事分析

  热爱家乡是我们中华民族的光荣传统,每个中国人都热切盼望祖国富强繁荣和家乡兴旺发展。虽然每一位在外打拼成功的人都有着一部辛酸史、奋斗史,但是家乡有难,需要我们帮助的时候,我们应该义无反顾、慷慨解囊。同样,家乡要发展的时候,也有许多在城市兴家致富之后的人,相继投资家乡,报效家乡。我们每一位在外创业的农民朋友都应该热爱自己的家乡,我们要依靠自己掌握的过硬本领和具有的经济实力,干出一番事业,让家乡尽快富起来。

2.家乡地,家乡亲

"美不美家乡水,亲不亲故乡人""月是故乡明"。为什么人们会对自己的故乡有这么多的赞美与留恋呢?其中的原因很多,但很重要的一点就是自己对家乡的风土人情都非常熟悉,在这里有着他乡所无法比拟的地缘、人缘优势。家乡是自己的归宿,也是激发自己创业的动力,自己虽然远在他乡,但根仍在故土。正因为如此,不少在外打拼的人,总是希望能够回乡创业发展。那么回乡创业发展具体的优势条件和当前政府的扶持政策都有哪些呢?

(1)回乡创业的优势条件。

①回乡创业具有一定的资金和人力资本积累。农民从经济不发达的农村到发达的城市打工和发展过程中,其收获不仅在于获得一定的劳动报酬,积累一定的创业资金,更重要的是积累了一定的务工、经商的经验,也包括社会经济观念和生活理念等,这些都可以概括为人力资本的积累和提高。回乡创业借机利用打工积累的资金和人力资本,相对于家乡来说,也是一个巨大的优势。

②回乡创业的成本较低。在城市或者沿海地区,土地价格高,不好招人,开不了工厂,或者只能开一个小工厂,又得不到当地政府的重视。而回乡创业不离本乡本土,既可以造福乡邻,劳务工资也较低,还可以利用得天独厚的地理条件,很容易找到闲置的厂房、土地,土地价格很便宜,与城市或者沿海发达地区比起来成本要低很多。

③回乡创业的生活压力小。高昂的城市生活费用,对在外打工的农民来说,压力很大。而回乡创业,受歧视少,这些生活中的问题相对较少,生活压力和社会压力明显要小得多,而且对于那些"上有老下有小"的创业者来说,又便于照顾父母子女。

④回乡创业的发展空间较大。一是发展前景看好。我国农村普遍不太富裕,发展潜力很大,市场广阔,加上农村市场竞争远不如城市那样激烈,创业成本低,因此,回乡创业的项目见效快、生命力强,创业发展成功率高、前景看好。二是个人发展空间看好。许多人回乡创业都不是原来意义上的"谋生",而是一种寻求发展的手段。由于回乡创业者本身就在本地有着渊源深厚的人脉关系,加之当地政府的重视,所以许多回乡创业者在获得经济回报的同时,当地政府和基层组织还会给予一定的政治荣誉和物质奖励,这对个人的价值实现十分有益。

(2)回乡创业的政策扶持。

①国家扶持政策。2015年,国务院办公厅出台了《关于支持农民工等人员返乡创业的意见》,该文件明确了支持返乡创业的五个方面政策,其中与农民朋友创业密切相关的有四个方面的政策。

一是降低返乡创业门槛。优化返乡创业登记方式,简化创业场所(经营场所)登记手续;鼓励返乡创业人员参与建设或承担公共服务项目,支持返乡人员创设的企业参加政府采购;取消和下放涉及返乡创业的行政许可审批事项,减少返乡创业投资项目前置审批等。

二是定向减税和普遍性降费。符合政策规定条件的,可享受减征企业所得税、免征增值税、营业税、教育费附加、地方教育附加、水利建设基金、文化事业建设费、残疾人就业保障金等税费和降低失业保险费率的政策。

三是财政支持。对符合条件的企业和人员,按规定给予社保补贴;具备享受支农惠农、小微企业扶持政策规定条件的纳入扶持范围;经工商登记注册的网络商户从业人员,同等享受各项就业创业扶持政策;未经工商登记注册的,可同等享受灵活就业人员扶持政策。

四是强化金融服务。运用创业投资类基金支持农民工等人员返乡创业;加大对返乡创业人员的信贷支持和服务力度;运用金融服务"三农"发展的相关政策措施,支持农民工等人员返乡创业;对符合条件的返乡创业人员,可按规定给予创业担保贷款。

②地方扶持政策。从省级到市级、县级甚至是乡镇,各级政府、各个部门为号召农民回乡创业都出台了许多的扶持政策,各地的政策在具体条款与细节上各不相同,大致集中在以下几个方面。关于具体的政策与规定,可以到当地政府或者有关部门咨询。

一是税收规费优惠政策。对回乡创业者,在税收上的主要优惠集中在以下几方面:从事一些农业开发、农产品初加工、农业服务业项目的免征企业所得税;创业初期应纳税收确有困难不能按期缴纳的,可以申请缓交税款,缓交期各地规定不同;创办企业或从事个体经营的,一定年限内减免工商、税务、卫生等部门登记类、管理类和证照类规费;行政事业性收费按规定收费标准的下限执行,本地有权减免的规费予以减免,等等。

二是金融贷款支持政策。主要是扩大小额担保贷款规模和范围,对回乡创业者,在自主创业期间可提供一定额度的小额担保贷款;有的对已经通过小额担保贷款扶持实现成功创业,且按时归还小额担保贷款的,还可视其经营扩大和带动就业人数增加的情况,提供二次小额担保贷款扶持。而且这些扶持回乡创业的小额担保贷款期限相对较长,有的项目还实行全额贴息等。有许多地方采取减少小额担保贷款环节、提高办贷效率的办法,优先对回乡创业者和创业企业提供贷款担保,担保费率按国家规定标准减收一定比例。

三是优先解决创业用地的政策。许多地方的国土、建设、规划等部门积极主动做好在外人士回乡创业生产经营用地统筹规划,搞好基础设施及配套建设,鼓励和支持回乡创业人员利用闲置土地、厂房、农村撤并的中小学校舍、荒山、荒滩等进行创业。按照依法、自愿、有偿的原则,鼓励将土地向有资金、懂技术的回乡创业人员流转。对创业成功、符合产业政策和规划要求的,鼓励其长期投资,逐步解决好规模用地问题。有的地方还规定回乡创业人员创办符合环保、安全、消防条件的小型加工项目,允许在宅基地范围内建设生产用房。还有的地方允许将现有的集体建设用地用于外出人员回乡创业等。

四是优化回乡创业的环境。许多地方简化许可、审批和办证手续,放宽审批条件,大力推行联合审批、一站式服务、限时办结和承诺服务等制度,减少办事环节,提高办事效率,为在外人士回乡创业开通"绿色通道",提供及时、高效、便捷的服务。一些地方和部门对回乡创业人员免费开展创业培训,有针对性地做好职工上岗前和在岗员工的技能培训。还有的将外出人员回乡创业所招用的农村劳动力纳入"阳光工程"和"农村劳动力技能培训"的实施范围,并给予相应的职业培训补贴和职业技能鉴定补贴。许多地方利用网络等新闻媒体,建立创业信息发布平台,积极为回乡创业人员提供法律援助、技术支持、市场开发、财务评估、信贷咨询等公共服务。有些地方对回乡创业人员在人才引进、人事代理、劳动保障、员工落户、子女入学、医疗保障等方面,在同等条件下给予优先照顾。

二、回乡创业,空间广阔

对不少农村打工者来说,不可能打工一辈子,而回乡创业是一辈子的事。在外拼搏的农民朋友经过历年磨炼,长了见识,增了本领,学了技术,更新了观念,也积累了一定的资金,这是宝贵的财富,把这些学到的知识、技术、管理经验一并带回家乡,加上家乡的地缘、人缘优势和政府的政策扶持,具有创业的天时、地利、人和三大优势,可以保证有较高的成功率和收益回报。加上在经济新常态下,城市经济发展步伐放慢,可以说,目前回乡创业谋求发展是一次历史性机遇。但是每个人的情况不同,回到家乡后到底做什么呢? 下面将对几种主要的回乡创业类型做一个简单介绍。

1.学好技术回乡发展

农民工在城市虽然主要从事劳动强度较大、技术含量较低的工作,如建筑、采矿、运输、电子、餐饮和农产品加工等,但是其中有许多的"有心人",在打工过程中勤学苦干,努力钻研,掌握了其中的一些技术和管理知识,回乡创业时,利用所学到的技术发家致富。

■ 故事再现

乡村的提包生产公司

江西农民工谢小兵在广州一个手提包企业打工9年,在这9年里,谢小兵通过学习技术和管理知识,由一名在流水线上作业的普通工作人员,一步一步成为企业的技术骨干。2008年,受金融危机的影响,企业效益下滑,职工的工资发放都存在问题,谢小兵便辞职了。辞职后的他,没有急着找工作,而是准备回到家乡休息一段时间。有一次,谢小兵与镇长、村支部书记碰上了,在闲聊中,镇长知道了他的情况,问他能不能创办一家企业,带动返乡农民工就业。在镇长和村支部书记的鼓励下,谢小兵来了精神,决定利用自己在外打工9年积累的技术与相关的人脉关系,在家乡创办一家生产电脑提包的小企业。镇政府知道了谢小兵的想法后,立即协调当地农信社贷款5万元,并安排工作人员帮助办理税务、工商等证照,村里又腾出一套村民闲置不用的房屋免费提供给他做生产厂房。就这样,2010年,谢小兵创办的企业开工了,由于房租、税收都是免的,政府还提供贴息贷款,一个包的生产成本比其他企业低好几元,再加上谢小兵过硬的技术和以前积累的同行业的关系,他的提包很快打开了市场。目前,企业产品不仅在湖南、湖北等周边市场占有一席之地,还远销北京、上海等地,供不应求。

■ 故事分析

在外打工的农民朋友,只要自己有理想,学到了一技之长,就可以回乡创业,去想办法实现理想,不要把自己的理想变成空想和梦想。像谢小兵这样通过"劳务输出——学习技术——返乡创业——发展经济"走上发展致富之路的做法,值得我们很多农民朋友学习。

■ **实用妙招**

学好技术回乡发展要注意什么

(1)学好技术回乡发展的行业选择应密切联系自己从前从事的行业以及所掌握的技能和行业知识。不能离开自己的优势盲目创业。

(2)回乡发展时,应对家乡的资源、环境、市场进行调查,看自己所学的技术能开展什么项目,开展的创业项目是否适合在家乡发展。如果家乡缺乏应有的支撑条件,特别是没有市场前景的话,就一定要敢于放弃自己的技术项目。

(3)依靠技术回乡发展,应依据自己的投入能力量力而行。一般来说,如果没有充裕的资金,前期应创办规模较小、结构单一、投资较小的项目,因为技术型创业成功率要依创业者技术成熟程度而定。若风险相对较大,更多地需要依靠自有资金,则前期投入越多,风险越大。

(4)学好技术回乡发展,不一定非得要创业上项目,如果创业的条件达不到的话,也可以先就业。其实农村更缺技术人才,也有一些企事业单位非常需要懂技术的人才,那里一样有广阔的发展舞台。

2.赚取了资金回乡发展

在外拼搏的农民朋友中,有一部分通过自己的努力已经闯出了一片天地,或通过打工积累了一定的资金,或创业成功成为有一定实力的老板,受家乡创业环境改善、市场空间扩大的吸引,家乡情节的驱使,地方政府与父老乡亲的热情召唤,回乡发展,造福一方。

■ **故事再现**

大老板也想回乡发展

刘鹏是河南固始县人,上世纪90年代,他带着脱贫致富的梦想到温州打工,经朋友介绍进入一家水暖器材厂工作。由于勤奋好学,工作认真,他在不到半年的时间就掌握了生产水暖器材的所有工艺和技术,很快成为该厂的技术负责人,2年后他又被厂长任命为管理负责人。后来工厂改制,刘鹏抓住机会,以每年上交70万元承包费的代价承包了该厂。他吃住在工厂,严把产品质量,积极开拓市场,不断探索成功的经营管理之路,把企业越做越大。经过多年的努力,刘鹏水暖厂生产的洁具系列品种,远销国内发达省市,并出口西欧、东亚一些国家和地区,拥有固定资产6000多万元。刘鹏获得成功后,开始思考是不是该回家乡去发展了,家乡富余劳动力多,可大多数致富无门,这正是带领大家致富的好机会。当他亲身体会到家乡的变化和当地政府的招商引资优惠政策后,便毅然决定回乡投资兴业。2012年,他一次性在家乡投资1000万元,开设了水暖器材厂分厂,分工投产后,解决了当地500多人就业,成为当地知名的水暖洁具生产厂家。

■ 故事分析

像刘鹏这样从"打工者"转变为"创业者"的农民工"归雁现象"近年来在各地并不少见。当年这些人从农村走出去,进入城市成为打工仔,如今事业有成的他们"盖房子、娶媳妇"的最初目标已经实现,揣着积攒的资金和满脑子的创业想法,回到家乡独资或参股兴办各种企业。如今,回乡创业形成了以创业带就业、以就业促创业的良性互动格局,对推进城乡区域协调发展,改善当地的经济结构,有着良好的促进作用。

■ 实用妙招

赚取资金回乡发展要注意什么

(1)要足够冷静。回乡发展光靠政策和热情是行不通的,关键在于是否拥有十足的把握。要认真审视各方面的条件是否成熟,包括自己的创业能力、技术水平,家乡的人力资源、基础设施、信息渠道、市场环境等诸多因素。创业发展不能头脑发热,不能手里有了一定的资金就产生狂热的冲动。

(2)要选好项目。当你觉得时机成熟可以回乡发展时,还要通过认真的调查和分析选对创业项目。一是可以依托当地资源条件来创办项目;二是可以将自己原来的创业项目延伸到家乡;三是可以根据当地的市场条件,依据自己在城市里建立起的关系,联系一些产品或服务销售到家乡,或将家乡的产品销售到城市。

(3)要发挥家乡的优势。赚取资金回乡发展的创业者,无论是选择什么项目发展,都应该充分结合自己家乡的实际情况,发挥自己在家乡的人缘、地缘优势,多向父老乡亲请教,向当地政府咨询,不能脱离农村实际,将在城市的创业项目与创业方式直接照搬到家乡来。

(4)要致力于造富家乡。赚取资金回乡发展的创业者,因为大多数都具有一定的资金积累,相对较为富裕,应该带着回报家乡的心态回乡创业,不能只想着多赚钱。应该根据自己的能力大小,积极投身家乡的公益事业,得到家乡人民的尊重。切不可因有钱而趾高气昂,或以"救世主"的心态来对待家乡人民,这样必然会引起反感,进而影响你在家乡的发展。

3. 积累了学识与经验回乡发展

在外打工的农民当中有一部分比较特殊的人,他们在外打工多年,虽然没有掌握更多的技术,也没有积累下来多少发展的资金,但他们通过打工或者其他途径学到了创业和发展所需要的知识以及通过实践将这些知识转化成的宝贵经验,最终依靠这些回乡创业,同样能取得成功。

故事再现

不屈服于命运的青年农民张玉生

河北新乐县的张玉生是一名中专生,毕业一年后还没找到稳定的工作,一气之下去了北京,应聘到一家很有名的饲料加工企业。可是在那里打工半年之后,他发现自己总是在车间里流水线上作业,学不到什么东西,工资又不高,于是他就辞职回到了河北,在外地一家小型的饲料加工厂打工。由于他具有大企业的工作经验,加上人聪明、灵活又勤奋,很快工厂的老板就对他另眼相看,提拔他当了厂长助理。为了提高自己的知识水平,他在工作之余参加了经济管理的自学考试,并拿到了本科文凭。

2004年,张玉生已当上这个小型企业的副厂长了。但这时的他已经萌生了回乡创业的念头。经过一番思考后,他谢绝了厂长年薪5万元的挽留,辞职回到了自己的家乡,从零开始创业。创业资金是靠自己的一点积蓄和向亲朋好友借钱,请了两位学化工的大学生好友和两个工人,厂房就在自己家里,他唯一能指望的就是自己打工学来的经验和自己上学学来的知识。

企业虽然小,但毕竟也开始生产了,由于他的饲料价格不高,而质量比那些大企业生产的饲料还好,再加上服务也好,因此他的企业很快就开始扩大生产规模了。到2008年,他的企业已经拥有固定资产100多万元,聘用工人25名,年收益也达到了30多万元。

■ 故事分析

很多有一定学识的农民青年,就业上遭遇了困难,走了打工之路,成为了一名农民工。但他们却不屈服于命运,更不甘于平庸,为了改变自己的困境,实现自己的梦想,积极进取,积蓄力量,最后重返家乡,靠自己的学识和经验创立实业,走上了致富道路。成功的例子表明,只要坚定信心朝着自己的理想努力,不断充实自己,积累人生每一段历程的宝贵经验,总有一天会实现自己的抱负。

■ 实用妙招

靠积累学识与经验回乡发展要注意什么

(1)谨慎选择发展方向。由于有些人回乡发展没有资金的优势,也可能没有更多的技术优势,全靠在外打工或学习所积累的学识与经验,所以创业的难度较大。这就需要自己更加谨慎地做出选择,是创业还是就业?创业的条件是否具备?是办企业还开店铺?有没有筹资渠道?需不需要技术?这都是要好好考虑的问题。最好多与亲朋好友商量,或向有经验的成功人士请教。

(2)低起点创业发展。为降低风险,应该先从一些起点较低的项目做起,充分发挥自己的学识与经验优势。创业起点低没关系,因为创业者或者有较好的管理知识或经验,或者有一定的市场拓展经验,熟悉市场,只要努力,一定可以慢慢发展壮大。

第十章 返乡创业振兴家乡

(3)注意保持自己与外界的联系。这种回乡发展的方式不能急于求成,需要保持好创业者原来建立的广泛人际关系、信息网络,以便对外开展技术、销售、资金和其他方面的经济合作,或者找到新的发展机遇,或者在关键的时候能利用自己的关系加快成功的步伐。

4. 一无所有也能回乡发展

有些农民朋友在外通过几年辛苦的打工,虽然债务还清了,房子也盖了起来,但仍然没有学到什么技术,也没有积累下多少可以创业发展的资金。一旦回到家乡,或者满足于现状连地也懒得去种,整日游手好闲,坐吃山空,或者感到再外出打工前途无望、在家乡创业一无所有,开始消极对待生活,更有甚者还染上了种种不良习气。其实,只要你努力,在家乡还是可以发展致富的。也许有人会说我现在没有工作,没有收入,搞不到资金,也没什么技术,我怎么创业?这是一种错误的想法,因为即使你回乡真的一无所有,但你还有一笔平生最宝贵的财富——打工阅历。

故事再现

靠小线盒也能发家

河北定州的刘红宝,初中毕业之后就到外地打工了,他走过全国的好几个省份,主要从事建筑业,干了5年仍是一无所有。2003年他回家结婚后,就不愿意再出远门打工了。由于他一没资金,二没技术,文化水平也有限,做什么都感到很困难,所以那一年他歇了半年多,没事就琢磨,也经常到建筑工地转一转。后来有一天,他发现人们搞装修时要用大量塑料做的线盒,而这个东西因为是放在墙里头的,所以看起来很粗糙,原料看起也像是废旧塑料。他想这种东西估计很简单,价钱也不高,自己对建筑也不外行,经销这个成本不高,这样他就对这个产品留上了意。

可是经过在本地跑一跑,他发现好多经营五金的商店都在经营这个产品,自己专门经营这个也没什么前途。不过他发现,本地不产这个东西,而是从外地送过来,他又到外地找生产厂家,转了两三天才知道,没什么专门的生产厂家,只是一些生产塑料产品的厂家自己找人加工的,这下他总算找到了商机。

农民创业宝典

　　回到定州,他找到了当地的一家塑料厂,商谈用自家收来的旧料,按自己要求生产线盒,付加工费。经过商量,他投资了3000元,先用1吨旧料生产了2万个线盒,自己开始骑自行车到五金店推销。因为价格比外地的便宜,质量也差不多,还可以先赊账,所以他的第一批货很快就卖完了,挣了将近一半,这下他的劲头更足了。就这样来来回回,半年下来,虽然辛苦,但是他挣到了自己5年打工也没挣到的钱。

■故事分析

　　回乡的农民朋友,由于长期在比较开放的城市打拼,不仅在视野、经验、能力等方面普遍比留在家乡的人有优势,更重要的是长期的城市生活、工作还培养了这些人创业的胆识,因此回乡创业的各方面基础相对较好,只是自己不太清楚,或者没有把这些优势发挥出来。自己想创业,就要认真地看看自己适合干什么、能干什么,再根据当地实际情况,可以选择最低的起点、最小的项目开始,不人云亦云,无论起点有多么低,只要肯努力地坚持下去,就一定能创业成功。

■实用妙招

一无所有创业的三部曲

　　(1)借鸡来生蛋。有人说我想创业,可是创业没有钱,怎么办? 没有技术,没有人才,没有经验,怎么办? 其实并不难,一个字,借! 创业没钱没有关系,你可以向亲朋好友借,也可以向银行、老板借,只要你平时信誉没太大的问题,借一点小钱还是不成问题的。没有技术,没有人才,没有经验,也没有关系,你可以向科研机构、大专院校借,还可以借别人的智慧,跟他们搞联盟、搞合作。更多的还可以借劳力、借地盘、借设备、借名气等。总之,你要从一无所有起步,只要创业项目选得切合实际,可以"借"来人、财、物助你发展。

　　(2)"滚动"来发展。许多人创业不成,是由于不会扬长避短,不能根据自己家庭实际条件或者自身特点,选择投资少、见效快的项目,而是好高骛远,贪大求全。一无所有创业发展最主要的一点就是要从最小起步,不要看不起小打小闹的小商店、小作坊、小饭馆等小生意、小项目,只要能挣钱,就先做起来,再把挣到的钱用于扩大生产经营。这就是"滚动"发展,只有滚动才能从小到大,实现大的发展。

(3)成功在坚持。从最低点起步,从最小起步的创业,一开始绝大部分都是一种辛苦的工作,比给别人打工要辛苦,挣的是别人不愿挣的辛苦钱。因此,这种创业成功的最大秘诀在于坚持,只要能挣到钱,就要坚持下去,慢慢地扩大经营或者积累经验。千万不要这山望着那山高,看到别人搞什么挣钱多,致富快,就马上改了方向,跟风去改行,结果可能会样样都不成功,得不偿失。